아무도 가르쳐 주지 않는
변호사 선임의 비밀

좋은 변호사와 함께 후회 없는 소송을 진행하는 방법

아무도 가르쳐 주지 않는

변호사 선임의 비밀

현실변호사 지음

변호사와 함께 재판을 진행하기 위해
의뢰인이 알아야 할 기초 지식

좋은땅

머리말

　이 책은 변호사를 선임한 의뢰인 혹은 곧 변호사를 선임해야 할 잠재적 의뢰인을 위한 것이다.

　사람들의 변호사에 대한 지식은 주로 드라마나 영화, 만화 등을 통해 얻은 것이 대부분이다. 그와 같은 경로로 얻어진 변호사에 대한 지식은 현실성이 거의 없는 소설이라고 해도 과언이 아니다.

　수많은 의뢰인이 잘못된 인식과 정보를 가지고(또는 어떠한 지식이나 정보도 가지고 있지 않은 채로) 변호사를 선임한 뒤, 변호사에게 실망하고 법원과 판사에게 분노하고, 결과에 또다시 좌절하는 경우를 필자는 너무도 많이 봐 왔다.

　필자는 변호사에게 실망한 의뢰인들과의 상담이 반복되며, 그간 의뢰인들에게 했던 이야기를 책으로 만들기로 결심했다. 이 책에는 변호사가 어떤 방법으로 업무를 처리하는지, 법무법인과 법률사무소가 어떻게 운영되는지, 무엇을 기준으로 변호사를 선택해야 할지 등 의뢰인들이 반드시 알고 있어야 할 내용들이 담겨 있다. 또한 모든 예시는 필자가 직접 경험한 사건들을 바탕으로 한 것으로서, 의뢰인들이 최대한 공감할 수 있도록 노력했다.

법적 절차를 아직 시작하지 않은 의뢰인들은 소송 과정에서 본인의 정신력이 얼마나 소모될지, 얼마나 많은 잠을 설치며 분노와 희망과 좌절을 경험할지 상상조차 하지 못할 것이다. 법적 절차가 시작되고 나서야, 의뢰인들은 비로소 변호사를 선임하기 전, 자신이 알고 있던 변호사에 대한 지식만으로 변호사를 선임하고 법적 절차를 진행하는 것이 얼마나 무모한 선택이었는지를 깨닫곤 한다. 그러나 그것을 깨달았을 때는, 새로운 변호사를 선임하기엔 너무도 늦어버린 시점인 경우가 많다.

변호사를 선임하였거나, 선임할 잠재적 의뢰인이라면 부디 이 책을 읽어 보길 바란다. 대부분의 의뢰인이 법적 절차에서 승리하는 것을 가장 중요하게 생각하지만, 법적 절차를 진행함에 있어 좋은 변호사를 만나는 것보다 더 중요한 건 없다는 것이 필자의 변함없는 생각이다. 부디 이 책이 좋은 변호사를 선택하는 데 도움이 되기를 진심으로 바라는 바이다.

목차

머리말   004

1. 변호사를 선임해야 할 사건과 그렇지 않은 사건

가. 변호사를 찾는 사람들 대부분의 상황   010
나. 변호사를 선임하기 전 반드시 고민해야 할 문제   015
다. 변호사를 선임해야 하는 사건인지 아닌지에 대한 판단 기준   021
라. 변호사를 선임해야 할 사건과 그렇지 않은 사건   030

2. 어떤 변호사를 선임해야 할까

가. 좋은 변호사를 고르는 단 한 가지 방법 - 많은 상담   034
나. 전관변호사 VS 비전관변호사   041
다. 사시 출신 변호사 VS 로스쿨 출신 변호사   045
라. 법무법인과 법률사무소, 대형 로펌과 일반 로펌   047
마. 지인을 통한 소개 VS 광고를 통한 리서치   054
바. 선임료가 비싼 변호사, 선임료가 저렴한 변호사   061
사. 전문변호사 또는 변호사 전문분야란?   063

아. 승소율　　　　　　　　　　　　　　　　　　067
자. 기타(변호사 나이, 사무실 위치 등)　　　　　　073
차. 필자가 생각하는 좋은 변호사의 덕목　　　　　075

3. 변호사 사용설명서

가. 변호사 선임료 - 착수금과 성공보수　　　　　092
나. 변호사에게 '완전히' 솔직하게 사건에 대해 이야기하자　108
다. 변호사와 의견 차이가 있을 때 어떻게 조율해야 할까　112
라. 사건 처리 과정을 확인하는 방법　　　　　　117
마. 담당변호사가 소송 진행 중 퇴사했을 때　　　135
바. 사무장이란　　　　　　　　　　　　　　　142
사. 1심, 2심, 3심 다른 변호사를 선임해야 할까　147
아. 변호사 선임계약을 해지하고 새로운 변호사를 선임해도
　　괜찮을까　　　　　　　　　　　　　　　151

4. 소송 관련 기본 지식

가. 민사·행정소송의 진행 과정　　　　　　　　156
나. 형사소송의 진행 과정　　　　　　　　　　　160
다. 이혼소송의 진행 과정　　　　　　　　　　　163
라. 소송 관련 용어 정리　　　　　　　　　　　165

마. 인지대, 송달료, 감정료 등	175
바. 승소 또는 패소 시 상대방에 대한 변호사 선임료의 청구	177
사. 압류, 가압류, 가처분, 저당권, 근저당권	182
아. 내용증명	190
자. 변론기일, 의뢰인 출석 필요성	194
차. 판결 선고기일, 의뢰인 출석 필요성(민사, 가사, 행정소송)	197
카. 조정기일 유의사항	200
타. 소송은 얼마나 걸릴까 - 소송이 오래 걸리는 이유	203

5. 의뢰인들께 드리고 싶은 이야기

가. 법적 절차로 완벽한 승리를 가질 수는 없다	212
나. 패배라는 결과는 언제든 벌어질 수 있다	216
다. 패소 확정 후 같은 소송을 또 제기하지는 말자	221
라. 소송에서 졌다고 내 인생이 끝난 것은 아니다	225

1

변호사를 선임해야 할 사건과 그렇지 않은 사건

가.
변호사를 찾는 사람들 대부분의 상황

1) 자신의 능력으로는 도저히 갈등을 해결할 수 없을 때 변호사를 찾기 시작함

어떤 사람이 변호사를 찾고 있다는 것은 그 사람이 재산적·정신적 손실을 경험했거나, 또는 그러한 손실을 경험할 가능성이 매우 높은 상황이라는 것을 의미한다. 상대방에게 물건을 팔고 돈을 받지 못했다든지, 고수익을 보장한다는 말에 특정 사업에 거액의 돈을 투자하였으나 사업이 시작될 기미가 보이지 않는다든지, 또는 반대로 나는 투명하고 정확하게 동업에 관한 정산을 마무리했는데, 상대방은 내가 동업 수익을 횡령하였다며 거액의 돈을 내놓으라고 하는 등의 상황 말이다.

구체적인 상황은 사람마다 모두 다르겠지만, 상대방과의 다툼이 대화로 해결될 수는 없는 단계에 다다랐다는 점에서는 대부분 비슷하다. 물건을 팔고 돈을 받지 못한 사람은 상대방에게 돈을 달라고 수도 없이 요청했을 것이다. 투자 사기를 당한 사람은 투자금을 반환해달라고 강력하게 요청하기도, 간절하게 애원해 보기도 했을 것이다. 동업 정산금을 요구

당한 사람은 몇 번이고 상대방에게 회계장부를 보여 주며 둘 간의 정산은 정확하게 이루어졌다는 점을 설명했을 것이다. 그러나 당사자들이 이렇게 노력했음에도 불구하고, 갈등의 골은 점점 깊어지기만 하여, 최후의 수단으로 법적 조치를 취하고자 변호사를 찾기 시작하는 것이다.

이처럼, 변호사를 찾는 사람은 갈등이 최고조에 달하여 더 이상 자신의 능력으로 해결할 수 없는 상황인 경우가 대부분이다. 이들은 상대방과 끝없는 다툼, 그리고 자신의 정신적 스트레스에 대한 탈출구로서 변호사를 찾기 시작한다. 그러나 상황이 이처럼 절박함에도 불구하고, 많은 요소가 변호사의 선임을 고민하게 만드는 것이 현실이다.

2) 선뜻 변호사를 선임하지 못하는 이유

변호사를 선임하는 일은 절차와 비용 면에서 당사자에게 만만치 않은 부담으로 다가온다. 가장 현실적이고 직접적인 문제는 선임료이다. 아무리 작은 사건도 변호사를 선임하려면 최소한 몇백만 원을 지불해야 하는 것이다.

금전 또는 재산에 관한 민사소송의 경우, 변호사 선임료는 대개 내가 청구하려는 돈에 비례한다. 즉, 내가 상대방에게 청구하려는 돈의 액수가 크다면 변호사 선임료도 커지는 것이다(내가 민사소송을 당한 경우라면, 변호사 선임료는 상대방에게 청구 당한 액수를 기준으로 산정되는 경우가 많다). 그러나 반대로 내가 청구하려는 돈의 액수가 작다고 해서 변호사 선임료도 함께 작아지지는 않는다. 지역마다 조금씩 차이는 있지만 변호사 선임료는 그 지역에서 최저 가격이 어느 정도 형성되어 있기 때문이다. 따라서 내가 청구하려는 돈의 액수가 작다고 하더라도, 변호사 선임료는 내가 청구하는 돈의 액수보다 클 수 있기 때문에, 소송에서 이겨도 금전적으로는 손해를 보는 상황을 맞이할 수 있는 것이다. 또한, 내가 청구하려는 돈의 액수가 큰 경우, 변호사 선임료가 올라감과 동시에, 내가 패소했을 때 물어 줘야 할 상대방의 변호사 선임료도 상승하게 된다. 이처럼 선임료 하나만 생각해도, 당사자는 변호사를 선임할지 말지 깊은 고민에 빠지게 된다.

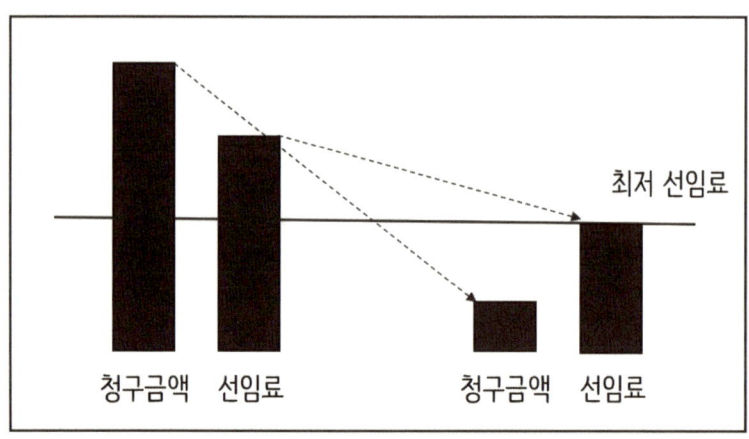

〈청구금액에 따른 변호사 선임료의 변화〉

그런데, 선임료를 지급할 충분한 경제적 여력이 있다고 하더라도, 곧바로 변호사를 찾을 수 있는 것이 아니다. 최근 몇 년간 변호사의 숫자가 급증한 탓에, 수많은 변호사 중에 누구를, 어떻게 선임해야 할지 도무지 감을 잡기가 어렵기 때문이다. 더구나 내가 변호사를 선임해서 손해를 확실히 만회할 수 있다면 고민이 덜할 텐데, 내가 입은 손해를 회복하지 못하는 것에 그치지 않고 심지어 내 손해가 더 커질 수도 있는 것이 현실이기에, 당사자는 선뜻 결정을 내리기 어렵다. 예를 들어 내가 큰 액수의 변호사비용을 지불하고 1심, 2심, 3심까지 몇 년 동안 열심히 싸워 결국 승소하더라도, 상대방이 이미 모든 재산을 자신만이 아는 곳으로 빼돌려 놓았다면, 나는 상대방으로부터 돈을 한 푼도 받을 수 없는 경우가 발생하기도 한다. 또한 만에 하나 증거 부족으로 민사소송에서 패소하기라도 하는 날에는 상대방의 변호사 선임료도 물어주어야만 하므로, 나의 손해는 훨씬 더 커질 수 있다.

그렇다면 상대방을 형사고소 하는 것은 어떨까? 주변 사람들의 이야기를 들어보니 민사소송은 내가 이겨도 상대방이 돈이 없으면 결국엔 돈을 받지 못할 수도 있지만, 형사소송은 유죄가 나오면 상대방이 감옥에 갈 수도 있고, 전과 기록이 남아 취업 등에 제약을 받을 수 있으므로, 상대방이 먼저 나에게 합의를 요청할 수 있다고 한다. 이러한 얘기를 들으면 당장 변호사를 선임해서 형사고소를 진행해야 할 것 같고, 왠지 내가 못 받은 돈을 척척 받을 것 같은 생각이 든다. 그러나 막상 형사고소를 진행하려니 경찰서, 검찰청을 드나들어야 한다는 사실에 마음이 편치 않다. 또한 상대방이 취업을 걱정하는 상황이 아니라면, 소액의 벌금형이나 집행유예는 상대방에게 별다른 효과가 없을 수도 있다는 생각이 든다. 더구나 이상한 경찰 또는 검사를 만나 불송치결정 또는 불기소처분을 받게 되면, 오히려 내가 무고죄로 고소당하는 상황을 걱정하는 처지가 될 수 있다는 점이 마음을 불편하게 한다.

  이처럼 어떠한 분쟁이 점점 발전하여 변호사를 선임하여 법적 절차를 진행하는 것밖에 남은 선택지가 없는 상황이라도, 변호사 선임은 당사자에게 커다란 고민거리로 다가오는 것이 현실이다.

나.
변호사를 선임하기 전 반드시 고민해야 할 문제

    변호사를 선임하는 데는 적지 않은 돈이 든다. 또한, 소송이든 고소든 짧으면 5개월, 길면 3~4년이라는 긴 시간도 함께 소요된다. 그리고 소송이나 고소를 진행하는 사람들 대부분은 그 과정에서 엄청난 정신적 스트레스에 시달리는데(사실 변호사를 찾아오기 전부터 당사자들은 우울증이나 공황장애에 시달리고 있는 경우도 많다), 그 강도가 생각보다 커서 일상생활에 큰 지장을 주는 경우가 허다하다. 이처럼 변호사를 선임해 법적인 절차를 진행하는 순간, 당사자들은 금전적으로도 큰 지출을 하게 될 뿐만 아니라 정신적으로도 엄청난 소모를 겪게 된다. 결국 이러한 스트레스에서 벗어나고자 무작정 변호사 사무실로 찾아가 사건을 던지듯 맡기고, 그 자리에서 선임료를 모두 지불해 버리는 경우가 꽤 많다. 그러나 이러한 방식의 변호사 선임은 일시적인 진통제와 같아서, 당장 몇 주, 몇 달은 홀가분한 기분을 줄 수 있지만, 그 뒤로 소송이 끝날 때까지 당사자에게 커다란 정신적 고통을 줄 가능성이 크다. 따라서 법적 절차 진행에 대한 계획을 가진 사람이라면 법적 절차와 관련한 깊은 고민의 과정을 반드시 거쳐야만 한다.

다음은 필자가 생각하는, 법적 절차 진행에 앞서 당사자가 반드시 고민해 보아야 할 항목이다.

> ① 법적 절차에서 승리하면, 그다음에 어떤 일이 벌어질까.
> ② 지금 내가 반드시 해야 할 일은 무엇인가.
> ③ 내가 혼자 진행할 수 있는 사건인가.
> ④ 법적 절차를 통해 얻는 것이 나에게 실질적인 이득인가.
> ⑤ 변호사의 조력을 받아야만 하는가.

위 5가지 중 가장 고민해야 할 문제는 ①번과 ②번이다. 사실 ①, ②번 질문은 변호사를 찾기 시작한 사람에겐 이미 고민할 시기가 지난 문제들이라고 생각하기 쉬운 부분이다. 그러나 필자가 이 글을 읽는 사람들에게 가장 중요하다고 이야기하고 싶은 부분은 바로 ①, ②번이다.

필자는 발전적인 방향으로 인생을 살아 나갈 기회를 스스로 걷어차고, 분노와 아집에 사로잡혀 끝이 보이지 않는 싸움과 투쟁의 수렁으로 빠지는 사람들을 너무도 많이 봤다(이들은 종종 목적과 대상조차도 잊어버린 채 싸움 자체에 매몰되기도 한다). 소송 또는 고소라는 것은 오랫동안 당사자의 정신을 소모하게 한 상태에서 승패를 결정해 버리기 때문에, 사전에 별다른 고민을 하지 않았던 의뢰인들은, 결과를 받아들이지 못하고 잘못된 길[1]에 들어설 위험에 노출된다. ①, ②번 질문은 그와 같은 불행을

---

1) 의미 없는 반복 소송, 국가기관과 공무원들에 대한 무차별적인 고소와 고발, 진정, 일인시위 등을 말한다.

예방하는 차원에서도 반드시 필요하다.

> ### ◆ 법적 절차에서 승리하면, 그다음에 어떤 일이 벌어질까
>
> 20대 후반의 A가 직장에서 업무처리 능력이 형편없다는 이유로 해고를 당했다고 가정하자(업무처리 미숙 외에 다른 이유는 없었다고 가정. 만약 폭언이나 폭행을 당한 경우라면 고민할 필요도 없이 경찰서로 가야 한다). A의 마음은 억울함과 분노, 원망으로 가득 차 있다. A는 자신의 업무 능력이 형편없다는 사실을 결코 받아들일 수 없다. 아무리 생각하고 생각해도 일을 못 하는 건 자신이 아니라 상사거나 다른 동료, 대표였다. A는 밤잠을 설치며 몇 주일간 고민한 끝에, 해고무효확인소송을 제기하여 회사에 복직하는 계획을 세우기 시작했다.[2]
>
> 만약 A가 해고무효확인소송에서 승소하여 직장에 복직한다면, 그다음에 어떤 일이 벌어질까? 오랜 기간 치열한 다툼 끝에 내가 승소했다는 소식을 듣는 순간 A의 기분은 날아갈 듯 기쁠 것이다. 그러나 최종 승소 판결을 얻기까지 이미 많은 시간이 흘러 A는 30대 초반의 나이가 되었다. 더구나 A는 나를 미워하던 상사, 대표와 함께 다시 일해야 하는데, 그것을 생각하면 이전에 괴로웠던 회사에서의 근무 기간이 떠올라 가슴이 답답하다. 게다가 A가 향후 승진의 기회 등에서 다른 사람들과 동등한 대우를 받을 수 있을지도 장담할 수 없다(불공정한 회사의 인사 평가 시스템이 과연 옳은 것이냐를 떠나 현실적으로 말이다). 즉, 안정적이고 평화로운 직장 생활을 꿈꾸는 A의 입장에서, 오랜 기간 소송을 벌여 자신이 해고당한 회사로 다시 돌아가는 것은 결코 좋은 선택이라고 볼 수 없다.

---

2) 해고무효확인소송을 통해 복직을 청구할 수도 있고(그때까지의 월급을 받는 것을 포함), 아니면 판결선고 시까지의 월급만을 청구할 수도 있다.

◆ 지금 내가 해야 할 가장 중요한 일은 무엇인가

그렇다면 현재 A에게 닥친 일 중에 가장 중요하고 급박한 일은 무엇일까? A에게 현재 가장 중요한 일이 취업이라는 사실은 너무나도 명백해 보인다. 일반적인 관점에서 20대 후반이라는 나이는 전 연령을 통틀어 취업이 가장 쉬운 시기이기 때문이다. 여기서 향후 몇 년만 더 흐르더라도 A의 취업 확률은 급격히 낮아질 것이다. 또한, A가 가장 바라는 일은 자신과 맞는 좋은 직장에 들어가 안정적으로 일하는 것인데, 사실 자신을 해고한 그 회사는 평생직장으로 삼기에는 부족한 점이 많기도 했다. 그렇다면, 이 시기가 지나가기 전에 새로운 일자리를 알아보는 것이 현재 A가 해야 할 가장 중요한 일이라고 할 수 있다.

결국 A가 지금 당장 해야 할 첫 번째 일은 새로운 일자리를 알아보는 일이고, 해고무효확인소송은 그다음 문제다. 만약 해고무효확인소송을 하더라도 복직이 아닌 재취업 시까지의 월급만을 청구하는 것이 현명한 선택이다(각주2 참고). 물론 해고무효확인소송과 재취업 두 가지를 동시에 시도할 수도 있다. A가 두 가지를 모두 잘해 낼 수 있다고 하면 그것이 가장 좋은 선택이 될 수 있다. 그러나 해고무효확인소송을 진행함과 동시에 취업을 시도하기란 여간 어려운 일이 아니다. 그렇다면, A의 입장에서는, 일단 열심히 취업을 알아보고 재취업에 성공한 뒤, 그때 가서 해고무효확인소송을 제기할지 말지를 고민해 보는 것이 가장 현실적이고 합리적인 선택이라고 할 수 있다.

◆ 소송에서 이기면 그다음에 어떤 일이 벌어질까

기계 소모품을 생산해 여러 공장에 정기적으로 납품하던 B라는 사람이 있다고 가정하자. B와 오랜 기간에 걸쳐 많은 거래를 해 오던 C는 어느 순간 대금을 조금씩 미납하기 시작하더니 최근에는 미납대금이 1억 원을 넘어가기에 이르렀다. C는 여전히 B와의 거래를 원하지만, B가 보기에 C와 거래를 이어나가더라도 C가 미납대금을 다 갚을 것처럼 보이지는 않는다. 더구나 C가 앞으로의 거래에서 발생할 납품대금을 모두 지급할지도 미지수다. 이에 B는 C에게 민사소송을 제기하여 미납대금을 받아 낼 계획을 세우게 되었다. 만약 B가 대금 청구소송에서 승소하면 어떠한 일이 벌어질까. 당연히 밀린 미납대금 1억 원의 수입이 생길 것이다. 그러나 C와는 더 이상 거래를 하지 못할 가능성이 크다. B가 소송을 제기하지 않고 C와 계속 거래를 한다면 어떨까? 계속해서 C와 거래를 한다고 해도, 2~3년이 지나면 B는 C에게 또다시 1억 원 이상의 미수대금이 생길 게 뻔하다. 따라서 장기적인 관점에서 보자면 B는 C와의 거래를 중단하는 것이 현명하다.

◆ 지금 내가 해야 할 가장 중요한 일은 무엇인가

B가 C와의 거래를 중단하면 더 이상 C와 미수대금 문제로 실랑이를 벌이지 않아도 될 것이므로, 누적되는 미수대금으로 인해 B가 골치 아플 일은 사라질 것이다. 그러나 당연히 수입은 그만큼 감소하게 된다.

만약 B가 C를 대체할 다른 거래처가 있었다면, C와의 거래를 당장이라도 그만둘 수 있었을 것이다. 그러나 지금까지 B는 한 푼도 아쉬운 상태였기 때문에 C에게 미수대금 변제를 강력하게 독촉하지도, 거래를 그만두지도 못하고 있는 상태였다. 그렇다면 지금 B에게 가장 중요한 일은 C와의 거래를 대체할 다른 거래처를 찾는 일이다(또는 그만큼의 수입을 대체할 다른 방법을 모색하는 일). 그 문제가 어느 정도 해결된다면, B는 C에게 거래 중단을 감수하고도 소송을 제기해 볼 만하다.

앞의 두 가지 사례에서 보듯, 나의 인생 전체적인 관점 또는 나의 사업, 가정, 건강 등의 관점에서, 연속성을 고려한 일의 우선순위는 법적 절차를 진행하는 일보다 앞서 있는 경우가 많은 것을 알 수 있다. 그러나 의뢰인들은 억울하고 분한 마음에 휩싸여 법적 절차로 상대방을 혼쭐낼 방법을 찾는 데 몰두하고, 그렇게 눈에 불을 켜고 찾아간 변호사 사무실에서 변호사를 선임해 버리는 경우를 필자는 심심치 않게 보게 된다. 이런 의뢰인들은 다른 준비 없이 오직 법적 절차에만 매달려 왔기 때문에, 법적 절차에서 반드시 이겨야만 하는 심리적 압박감에 시달리고, 그로 인해 소송이 진행되는 내내 많은 정신적 고통을 겪게 되는 것이다.

　현재 변호사를 선임해서 법적 절차를 진행해야겠다고 마음을 먹고, 변호사 선임 방법에 대해 더욱 자세히 알고 싶어 이 책을 접하게 된 경우라도, 부디 이쯤에서 한 번만 더 고민해 보기를 권한다. 감정에 치우쳐 지금 당장 해야 할 일을 놓치고 있는 것은 아닌지 말이다. 인생 전체적인 관점에서, 내가 궁극적으로 추구하는 목표와 가치를 위해 법적 절차보다 훨씬 더 중요하고 급박한 일이 있는지 한 번만 더 생각해 보기를 바란다.

다.
변호사를 선임해야 하는 사건인지
아닌지에 대한 판단 기준

앞의 '나' 항에서 언급한 대로, 지금 나에게 가장 중요하고, 내가 반드시 해야 할 일이 과연 소송인지에 대한 고민을 충분히 한 뒤, 법적 절차로 나아가기로 결정했다면, 다음으로 고민해야 할 부분은 이 사건이 반드시 변호사를 선임해야 하는 사건인지 그렇지 않은지의 여부이다. 다음 사항을 생각해 보자.

1) 법적 절차를 통해 실질적인 이득을 기대할 수 있는가

법적인 절차를 통해 얻으려고 하는 바가 변호사 선임료보다 훨씬 적은 경우, 변호사 선임은 하지 않는 것이 바람직하다는 게 필자의 의견이다. 물론 그 사건이 일생일대의 중대한 문제라고 한다면, 비록 얻는 이득이 매우 적을지라도 모든 시간과 노력을 쏟아부어 상대방과 싸워야 할 필요성이 있을 수 있지만, 객관적인 관점에서 이겨도 금전적으로 손해가 발생한다면, 그 사건은 시간적으로나 금전적으로나 정신적으로나 그냥 잊고 넘어가는 것이 합리적이다.

A가 친구 B와 3년간 호프집을 운영하다가 동업이 깨진 상황을 가정해 보자. 동업을 계속하는 과정도 순탄치 않았지만, 가장 큰 문제는 A가 받아야 할 영업 이익을 B가 조금씩 누락한다는 점이었다. 이에 A가 3년간의 매입 매출 자료를 가지고 대략 계산해 본 결과, B는 A에게 약 170만 원 정도를 지급하지 않았음이 밝혀졌다(물론 이 돈은 A가 일방적으로 계산한 것이기 때문에 100% 정확하지 않을 수 있다).

A는 동업을 정리하는 마당에 B가 자신의 실수를 알아채고 자진해서 A에게 정산금을 지급하지 않을까 기대도 해 보았다. 그러나 오랜 시간 기다려 본 결과 B는 이 문제를 전혀 깨닫지 못하는 듯했다. A는 B가 이 사실을 눈치챌 수 있도록 간접적으로도 몇 번 이야기했었고, 주변 사람들을 통해 넌지시 물어보기도 하였으나 B는 아무런 반응을 보이지 않았다. 오랜 고민 끝에 A는 B에게 '동업 정산을 새로 해 보는 것이 어떠냐.'고 이야기를 꺼냈다. 그러나 B는 예상과 다르게 모든 것은 정확하게 처리되었다며 매우 불쾌하다는 반응을 보였다. A는 B의 인정과 사과를 기대했는데, 사과는커녕 오히려 경우 없는 놈 취급을 받아 기분이 매우 상했다. 이에 A는 '못 받은 돈은 170만 원이지만 내가 저놈을 지구 끝까지 쫓아가 돈을 받아 내고야 말겠다.'라고 생각하게 되었고, 변호사를 선임해 B에게 민사소송으로 170만 원을 청구하고, 횡령죄를 적용하여 형사고소를 진행하기로 마음먹었다(횡령죄가 성립하든 안 하든 A는 B를 어떻게든 괴롭힐 목적으로 고소까지 하기로 마음먹었다).

한때 A의 친한 친구였던 B의 태도는 분명 잘못된 것이다. 그러나 객관적이고 이성적인 관점에서, A가 170만 원을 받기 위해 끝도 없는 법적인 싸움에 뛰어드는 것은 결코 현명한 선택이 될 수 없다. 더구나 하루에도 수십에서 수백 건의 매입과 매출이 발생하는 호프집을 3년간 함께해 온 A와 B의 동업을 정산하는 일을 변호사 없이 한다는 것은 불가능에 가깝다. 따라서 이 사건은 변호사에게 의뢰해야만 할 텐데, 아무리 저렴한 변호사를 찾는다고 하더라도 청구하려는 돈의 몇 배, 경우에 따라 몇십 배를 지출해야만 할 것이다. 상황이 이렇다면, A가 받지 못한 170만 원은 포기하는 것이 합리적이다.

물론 A는 한동안 정신적으로 꽤 괴로운 시간을 보낼 수 있다. 함께 동업할 정도로 B를 믿고 신뢰해 왔기 때문이다. 믿었던 사람에게 배신당한 기분은 말로 표현하기 어려울 정도로 고통스러운 것이 사실이다. 그러나 A가 소송을 제기한다고 해서 그러한 정신적 고통에서 벗어날 수 있을까? 오히려 그 반대일 가능성이 크다. 소송이 진행되는 과정에서 상대방의 답변서나 준비서면을 받아 보면 피가 거꾸로 솟을 만큼 화가 치밀어 오를 수 있다. 또한 판사님의 말 한마디 한마디에 마치 내가 당장 패소한 것 같은 기분을 느낄 수도 있다. 더욱이 소송에서 패소하거나, 이기더라도 판결금액이 기대했던 것에 비해 매우 적어 크게 실망할 수도 있다. 이러한 정신적 고통은 소송을 겪어 보지 않은 이들은 가늠하기 어려운 크기로 다가오는 것이 보통인데, 이는 소송이 진행되는 내내 A를 괴롭힐 것이고, 그로 인해 A는 일상생활에 큰 지장을 받을 가능성이 매우 높다. 이러한 경우까지 고려해 보면, 지금 당장 분하고 억울하더라도 170만 원은 포기하는 게 여러모로 현명한 선택이라고 볼 수 있다.

즉, 법적인 절차를 진행하더라도 실질적 이득을 기대하기 어렵다면, 그 사건은 과감히 포기하는 것이 합리적인 선택임을 잊지 말자.

2) 내가 혼자 진행할 수 있는 사건인가

당사자의 관점에서 가장 좋은 시나리오는 '돈 적게 쓰고 다 이기는' 것이다. 돈을 적게 쓰려면 변호사 선임료를 적게 지불해야 한다. 특히 내가 법적인 절차를 통해 얻으려는 이득이 객관적으로 크지 않을 때는 변호사 선임료의 액수가 더욱 중요해진다. 예를 들어 내가 친구에게 받지 못한 대여금이 70만 원인데, 변호사 선임료로 몇백만 원을 쓸 수는 없는 노릇이다.[3] 따라서 만약 당사자가 할 수만 있다면 법적인 절차를 혼자 진행하는 것이 현실적으로 가장 유리한 방법이다.

그러나 '돈을 적게 써도 사건을 다 지면' 아무짝에도 쓸모가 없어진다. 법적인 절차를 진행하는 이유는 이득을 얻기 위함이기 때문이다. 따라서 법적 절차는 승리의 가능성을 높이는 방법으로 진행되어야 한다. 그렇다면, 가장 먼저 고려해 보아야 할 것은 변호사 없이 혼자 법적인 절차를 진행할 수 있는지 여부이다.

요즘은 노력 여하에 따라 얼마든지 나 홀로 소송이 가능한 시대이다. 포털사이트에 검색어 몇 개만 입력해도 소송에 관한 엄청난 양의 정보를 접할 수 있다. 특히 최근 몇 년 사이에 변호사 숫자가 많아져, 필자를 포함한 여러 변호사가 먹고살기 위해 홈페이지나 블로그에 법률에 관한 이야기를 너 나 할 것 없이 적어 놓은 탓에, 예전엔 변호사만 혼자 알고 있었던 세부적인 내용(소송 절차에 관한 것부터 법리, 판례 등등)들도 인터넷 검색을 통해 어렵지 않게 찾을 수 있다. 이를 바탕으로 수많은 사람이 변호사 없이 소송을 진행하고 있고, 소송에서 승리하고 있다. 또한 인터넷 커뮤니티에서 나 홀로 소송이나 고소에서 승리를 경험한 사람들의 성공 후

---

3) 청구하는 금액이 소액이라면 전부승소하더라도 상대방으로부터 받을 수 있는 변호사 비용의 상한선은 청구하는 금액의 10% 정도이다. 뒤의 4. 바. 항에서 자세히 설명한다.

기들이 공유되고 있으므로, 이러한 정보를 통해 누구든지 자신이 하려는 법적 절차가 변호사 없이 혼자 감당할 수 있는 것인지 아닌지를 충분히 판단할 수 있다. 비록 조금 귀찮을 수 있겠지만 하루 이틀 정도라도 내가 생각하는 법적 절차에 대해 꼼꼼히 검색해 보도록 하자.

3) 변호사의 조력을 받아야만 하는가

마지막으로 고려해 볼 부분은 지금 나에게 변호사를 선임해야 할 이유가 분명히 존재하는지 여부이다. 막연히 소송에서 승소하고 싶다거나, 무죄를 받아야겠다는 이유만으로는 부족하다. 변호사를 선임해야 할 이유가 존재하는지는, 내가 저지른 행위와 그로 인한 결과, 인생의 계획 등등을 종합적으로 고려하여 판단하여야 한다.

◆ **사례 1**

A는 직장 동료들과 함께 회식 자리에서 술을 마시다가, 평소 감정이 좋지 않았던 동료 B와 시비가 붙었다. 두 사람은 서로 멱살을 잡고 밀고 당기기를 몇 번 하다 중심을 잃고 옆으로 넘어졌고, 그것을 본 동료들이 달려와 두 사람을 떼어 냈다. 두 사람은 서로 치고받고 한 것도 아니어서 A가 생각해 보기에 B가 그렇게까지 많이 다쳤을 것 같진 않은데 웬걸, B가 A 때문에 갈비뼈가 부러졌다며 진단서와 함께 A를 형사고소 했다는 것이다. 당시 같은 자리에 있던 동료에게 물어보니 B는 다음 날 병원에 입원했다는 이유로 출근하지도 않았다고 한다. A는 그저 서로 멱살을 잡았을 뿐 B를 때린 사실도 없는데 그 녀석은 갈비뼈가 부러졌다고 하

니 억울한 마음만 가득하다. 형사고소 결과, 약식명령[4]으로 A는 벌금 300만 원을 선고받았다. A는 변호사를 선임해서 정식재판 청구를 통해 내가 아무런 잘못이 없음을 다투어야겠다고 마음먹었다. 사실 A가 B를 시원하게 때렸거나 걷어차기라도 했다면 B의 상해 사실을 순순히 인정했을 수 있지만, 서로 잡고 넘어진 것 외에 다른 폭행을 한 사실이 없기에 A는 B의 고소가 자신을 모함하기 위한 거짓말이라고 생각한다. 그러나 객관적인 시각으로 볼 때, 술에 만취한 두 사람이 멱살을 잡고 옆으로 넘어진 경우, 넘어진 장소의 바닥이 푹신푹신한 곳이 아니라면, 갈비뼈가 부러질 가능성이 꽤 있다. 또한, 인터넷을 조금만 검색하면 알 수 있지만 폭행은 신체에 대한 유형력의 행사를 말하므로, 멱살을 잡은 행위만으로도 폭행죄가 인정될 가능성이 높다. 변호사가 이 사건을 변호한다고 해서 이러한 상황을 뒤집을 수 있을까? 물론 "무죄가 유력하다."라고 말하는 변호사도 있겠지만, 몇 차례 상담을 받아 보면 무죄를 받을 가능성은 매우 적다는 것을 알 수 있다. 또한 A는 이미 오랜 시간 직장을 다닌 중년의 남성으로서, 이 일로 인해 직장 내에서 입을 불이익도 거의 없고, 향후 이직의 계획도 없다. 그렇다면 A는 변호사를 선임하는 것보다, 그 돈을 아껴 B와의 합의금에 보태고, 법원에 선처를 구하는 것이 훨씬 현명한 선택이 될 수 있다(그럼에도 법률전문가의 도움을 받고 싶다면 국선변호사를 선임하는 것이 좋은 선택이 될 것이다).

◆ 사례 2

향후 이직을 준비 중인 직장인 C는 대기업 직장인 친구 D와 바에서 술을 마시다 영업시간이 종료되어 근처에 있는 다른 바를 찾았다. C와 D는 이전 바에서 마시던 양주를 가지고 들어갔다. 새로 들어간 바에서는 손님이 술을 가져와도 상관은 없지만, 대신 손님이 가지고 온 술을 마시면 그 술값을 바에 지불해야 한다는 규

---

4) 법원이 형사소송 없이 서면심리만으로 피고인에게 벌금·과료를 부과하는 것을 약식명령이라고 한다. 약식명령을 받은 피고인이 이를 다투기 위해 법원에 정식재판을 청구할 수 있다. 피고인이 정식재판을 청구하면 일반적인 형사소송이 진행된다.

정이 있었다. C와 D는 그 술을 마시지 않고 빈 의자에 두었는데, 바의 직원이 아무 생각 없이(의도한 것인지 아닌지는 알 수 없음) 그 술병을 열어 C와 D의 잔에 따라 주었다. C와 D가 맨정신이었으면 당연히 직원을 말렸을 것이지만, 둘 다 꽤나 취한 상태이다 보니 무슨 일이 벌어진 것인지 알아차리지 못했다(C와 D는 이 술을 마시지도 않았다). 이후 C와 D가 바를 나가려는 찰나, 갑자기 사장 E가 나타나 C가 가져온 양주를 가리키며, 그 술을 마셨으니 술값을 지불하라고 이야기했다. 그러나 C와 D는 이 술을 마시지도 않았고, 심지어 자신들이 술을 컵에 따른 것도 아니었기 때문에 억울했다. 이 문제로 D와 E는 언쟁을 벌이게 되었다.

C는 이 둘의 말싸움을 지켜만 보다가, 싸움이 격해지자 두 사람을 말리기 시작했다. 그러나 싸움은 그칠 줄 몰랐고 일이 커질 것 같은 기분을 느낀 C는 E가 요구하는 술값을 카드로 계산하기에 이르렀다. 그런데 E는 C가 계산한 후 C의 신용카드를 빼앗아 자기 손에 들고, C와 D에게 사과를 요구했다. C는 단지 싸움을 말렸을 뿐이고 E와 언쟁조차 벌인 일이 없었기 때문에, E가 자신의 신용카드를 들고 사과를 요구하는 것이 매우 불쾌했다. 이에 C는 E에게 자신의 카드를 돌려 달라고 요구하면서 E에게 다가갔는데, E는 C를 피해 슬금슬금 뒷걸음질을 치다가 스스로 뒤로 걸려 넘어졌다. 사장 E는 C를 상해죄로 고소했고 그 결과 C는 약식명령으로 벌금 200만 원의 형을 받았다.

사실 이 사건으로 인해 C가 받을 수 있는 불이익은 벌금 200만 원이다. E가 민사소송을 제기한다면 C는 약간의 치료비와 위자료 정도를 추가로 부담할 수 있다. 이 돈은 직장인인 C에게 크게 부담될 만한 액수는 아니다. 그러나 C는 현재 다니고 있는 직장에 머무르지 않고 이직을 준비 중인데, 상해의 전과 기록이 남는다면 치명적인 불이익을 입을 가능성이 크다. 더군다나 자신은 E와 싸우지도 않았고 E를 밀치지도 않았다. 이러한 점을 종합적으로 고려하면, C는 비록 소액의 벌금형을 받았을 뿐이지만 법원에 정식재판을 청구하여 무죄를 다툴만한 상황이라고 볼 수 있다.

벌금 200만 원의 사건이라면 변호사 없이 혼자서 재판을 진행하는 것이 가장 합리적이긴 하다. 그러나 형사사건에서 무죄를 주장하기 위해서는 증인신문과 의

> 견서 작성이 매우 중요하다고 하는데, 법정에 가는 것만으로도 이미 가슴이 두근거리는 C가 평생 한 번도 해 본 적 없는 형사소송에서 증인신문을 진행하기는 사실상 불가능하다고 볼 수 있다. 또한 무죄를 받기 위해서라면, 단지 억울하다는 내용만으로 의견서를 작성하기보다는, 보다 구체적이고 치밀하게 증거에 대해 문제를 제기하는 내용의 의견서가 필요하다고 할 것이다. 그렇다면, 사건 자체가 무죄가 나오기 어렵다고 하더라도, C는 변호사의 조력을 받아 정식재판을 통해 무죄를 주장할 필요성이 있다는 결론에 도달한다.

앞의 두 사건 모두 당사자가 한 행동에 비해 결과가 다소 가혹한 사건이라고 볼 수는 있으나, 객관적인 시각에서 보자면 벌금형이 선고된 경미한 사건에 속한다. 그렇지만 폭행이나 상해라는것 자체가 매우 포괄적인 개념이기 때문에, 두 사건 다 무죄를 받을 확률은 상당히 낮다. 더구나 경찰이 출동해 현장에 대한 수사가 이루어지고, 그것을 바탕으로 법원이 벌금형을 선고한 사건이라면, 벌금형의 선고가 법원에서 뒤집힐 확률은 매우 희박하다고 보아야 한다. 그러나 C의 경우와 같이, 무죄를 주장할 만한 이유가 분명히 존재하고, 그 이유가 자신의 인생에 적지 않은 영향을 미칠 것으로 예상한다면, 비록 객관적으로 경미한 사건이라도 변호사를 선임해 대응할 만한 가치가 있다고 볼 수 있다.

다만 여기서 분명히 알아 두어야 할 부분이 있다. 변호사는 슈퍼맨이 아니라는 점이다. 드라마나 영화를 보면 변호사 의뢰인과 제대로 대화한 적도 없는데 사건을 이미 다 알고 있고, 증거를 찾아 이곳저곳을 다니기도 하며, 기상천외한 방법과 기발한 논리로 사건을 승리로 이끈다. 그러나 현실에서의 변호사는 의뢰인으로부터 사건을 듣지 않으면 사건에 대해서 알지 못하고, 증거를 수집하기 위해 이곳저곳을 다니는 일은 드물며, 기존에 선고된 수많은 판례에서 벗어난 기상천외한 방법과 논리를 가지고 있지도 않다. 즉, 변호사를 선임했다는 사실 하나만으로 승소의 확률이 올라간다거나, 의뢰인이 아무것도 하지 않아도 되는 상황이 만들어지는 것은 아니다. 변호사를 선임했더라도, 사건의 당사자로서 끊임없이 관심을 두고 노력해야 한다는 사실은 변함이 없다. 즉, 변호사를 선임할 필요성이 있는지는, 변호사가 사건을 이겨 줄 수 있을 것이라는 기대만으로 판단해서는 안 된다. 내가 이 사건에 시간과 노력을 쏟을 만한 가치가 있는가, 내가 투입하는 시간과 노력을 더욱 쓸모 있게 만들어 줄 '변호사'라는 존재가 현실적으로 반드시 필요한가의 문제로 접근해야 하는 것이다.

이처럼, 잠재적인 의뢰인은 반드시 변호사를 선임해야 할 분명한 이유가 있는지 충분히 생각해 보아야 한다. 이기고자 하는 마음 외에 별다른 분명한 이유가 없다면 굳이 변호사를 선임하여 법적 절차를 진행할 필요는 없다는 것이 필자의 생각이다.

라.
변호사를 선임해야 할 사건과 그렇지 않은 사건

앞의 이야기를 종합하면 다음과 같이 정리할 수 있다.

먼저, 내가 당장 해야 할 일이 소송인지 아닌지 잘 생각해 보아야 한다. 지금 당장 해야 할 일이 소송이 아닌 경우가 꽤 많고, 시기를 놓치면 매우 어려워지는 일도 존재하기 때문이다.

깊이 고민해 본 결과 이제는 소송을 해야 할 때가 왔다는 판단이 내려지면 다음 세 가지를 다시 한번 깊이 생각해 보자.

1. 법적 절차를 통해 실질적인 이득을 기대할 수 있는가.
2. 내가 혼자 진행할 수 있는 사건인가.
3. 변호사를 선임해야 할 만한 이유가 분명한가.

먼저, 계획하고 있는 법적 절차를 통해 얻는 것이 나에게 실질적인 이득이 되는지 따져 보아야 한다. 법적 절차를 진행하는 기간은 길고 결과는 현실적이다. 감정을 최대한 배제하고, 내 인생 전체를 고려하여 결정을 내려야 한다. 법적 절차를 진행했을 때, 결과적으로 내가 얻을 수 있는 실질적인 이득이 없거나 매우 적다는 결론이 나면, 안타깝지만 이 문제는 단념하는 것이 좋다.

다음으로, 법적 절차를 혼자 진행할 수 있다면 그렇게 하면 된다. 요즘은 인터넷에서 법적 절차와 관련된 많은 정보를 얻을 수 있으므로, 복잡하지 않은 소송은 혼자서도 얼마든지 진행할 수 있다. 다만, 혼자 진행할 수 있는 사건이라고 하더라도, 법적 절차를 통해 얻을 수 있는 이득이 매우 크다면, 변호사의 조력을 받아 사건을 더욱 신중하게 진행함으로써 승리의 가능성을 극대화하는 것도 좋은 선택이다.

마지막으로, 법적인 절차를 통해 내가 얻을 수 있는 실질적인 이득이 존재하지만, 혼자 진행할 수 없는 사건이라고 하더라도, 반드시 '변호사'의 도움을 받아야만 하는지 다시 한번 생각해 보자. 변호사의 도움이 반드시 필요한 것은 아니라고 판단되면, 국선변호사, 법무사, 행정사, 각종 무료상담(법률구조공단, 마을변호사 등)을 이용하는 것이 더 합리적이다. 특히 얻을 수 있는 실질적 이득이 그다지 크지 않다면, 굳이 선임료가 가장 비싼 변호사만을 고집할 필요는 없을 것이다.

변호사 선임 전 치열한 고민의 시간은 불필요한 시간 낭비, 불필요한 지출, 나아가 겪어서는 안 될 정신적 고통을 피하게 해 줄 매우 중요한 과정이라는 사실을 잊지 말기를 바란다.

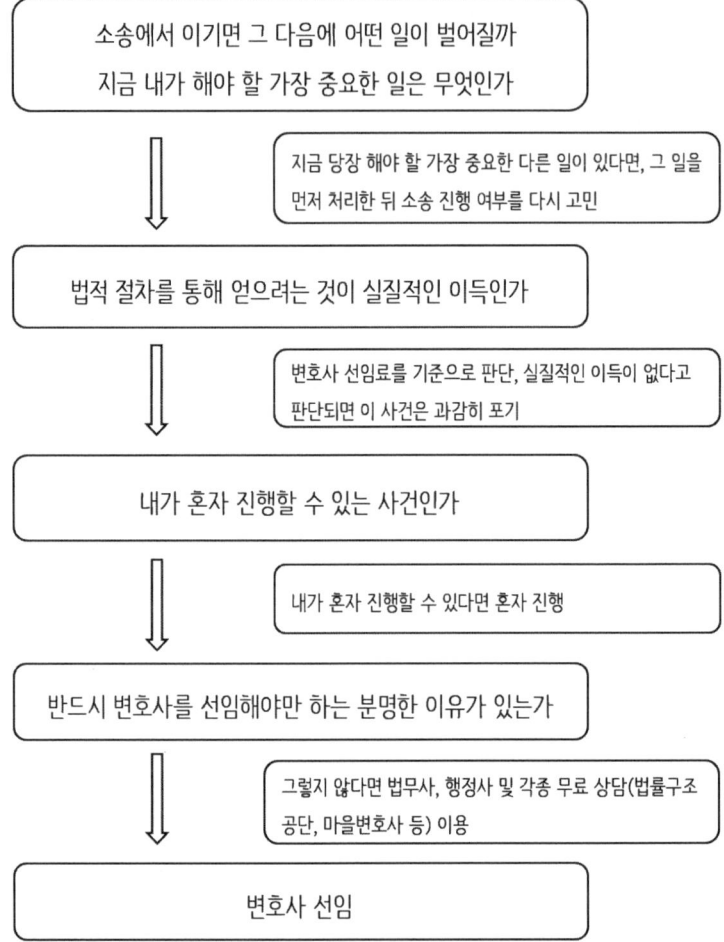

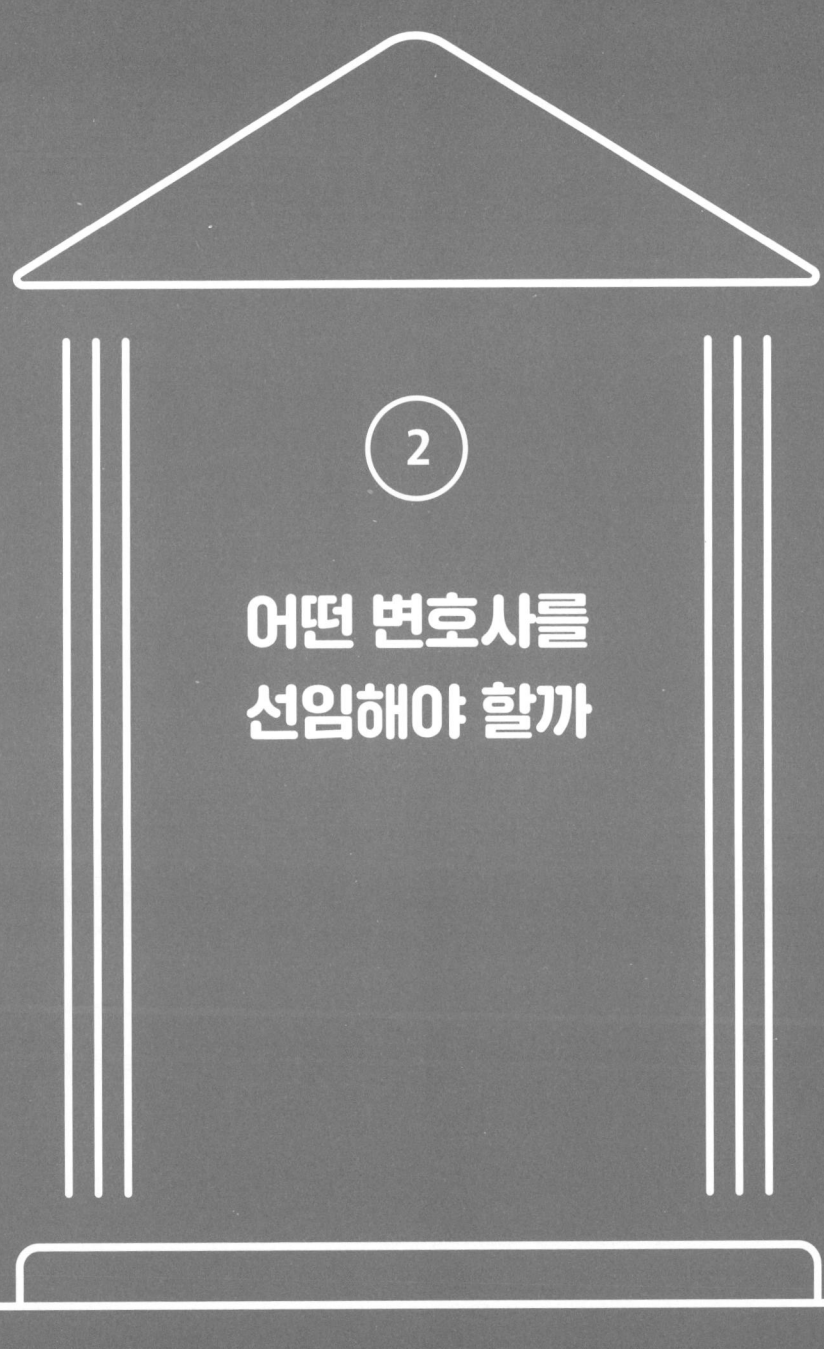

가.
좋은 변호사를 고르는 단 한 가지 방법 - 많은 상담

수백 번을 강조해도 모자라지 않다. 좋은 변호사를 고르기 위한 단 한 가지 방법은 단언컨대 '많은 상담' 뿐이다. 그러나 상담은 많으면 많을수록 좋다고 아무리 얘기해도, 당사자들은 1~2번의 상담에 지쳐 버린다. 결국 빨리 사건을 진행하고 싶은 조급한 마음에 이끌려 마음 한구석의 찜찜한 마음을 애써 외면한 채 변호사와의 선임계약을 체결하기 일쑤다.

변호사와의 상담에는 수많은 장점이 있지만, 특히 당사자가 귀 기울여야 할 장점은 다음과 같다. 먼저, 내 사건의 결과에 대한 대강의 예측이 가능해진다는 점이다. 필자가 만나본 의뢰인 대부분은 자신의 사건에 대해 냉정한 이성적 판단을 할 수 없는 상태였다. 직장이나 친구들 사이에서는 누구보다도 이성적이던 의뢰인도, 자기 사건에 대해서는 무의식적인 희망 회로의 지배를 받는 경우를 수없이 봤다. 사건의 당사자는 혼자서 아무리 생각해도 자신의 사건에 대해 객관적인 판단을 내리기 어렵다는 것이 필자의 결론이다. 따라서 당사자는 변호사로부터 자기 사건에 대한 객관적인 의견을 들어볼 필요가 있다.

그러나 한두 번의 상담만으로 사건의 결과를 예측하는 것은 불가능하다. 만약 첫 상담에서 변호사가 사건에 대해 긍정적인 결과를 예측하였다고 하자. 마음속으로는 큰 안도감을 느꼈을지 모르지만, 이 변호사의 말을 곧이곧대로 믿기는 어렵다. 변호사가 "이길 수 있다."라고 말해 주기를 바라는 의뢰인의 마음을 이용해 비싼 값에 변호사 선임계약을 체결하려는 의도를 가지고 있을 수도 있기 때문이다.

그런데 반대로, 처음 상담을 한 변호사가 의뢰인에게 사건을 부정적으로 이야기하는 때도 의뢰인은 변호사를 신뢰하기 어렵다. 의뢰인으로서는 질 것 같은 사건이라도 '이길 가능성'을 듣고 싶었기에, 질 것 같다는 변호사의 말을 받아들이기가 어려운 것이다. 또한, 변호사가 의뢰인의 상황이 그다지 급하지 않음에도 불구하고 당장 변호사를 선임하지 않으면 안 될 것처럼 상황을 부정적으로 이야기하는 방식으로 겁을 줘 비싼 값에 변호사 선임계약을 체결하려는 것일 수도 있기 때문이다.

여기까지만 이야기하더라도 답은 명확하다. 여러 변호사의 의견을 듣는 것보다 더 좋은 방법은 존재하지 않는 것이다. 당사자가 3~4명의 변호사를 만났는데 그 변호사들이 한결같이 사건이 어렵다고 이야기한다면 그 사건은 객관적으로 이기기 어려운 사건이라고 보아야 한다. 반대로 변호사들의 의견이 엇갈린다면 그 사건은 이길 가능성과 질 가능성이 접전을 벌이는 사건이라고 보아야 한다. 이처럼 여러 변호사와 상담하는 과정에서 당사자는 사건의 대략적인 결과를 자연스럽게 예측할 수 있게 된다.

다음으로, 당사자는 여러 변호사와의 상담을 통해 사건의 핵심 쟁점을 파악할 수 있게 된다. 이는 사건을 객관적으로 바라보기 위한 필요조건 이다.

수많은 법률 중 실제로 소송에 적용되는 법률과 그렇지 않은 법률이 존재하고, 실제로 적용되는 법률이라도 이미 확립된 해석의 방향이 존재한다. 또한 법률의 제목이나 조항들이 실제 해석과 전혀 다른 것처럼 느껴지는 법률도 있다. 같은 종류의 소송인 것처럼 보이는 사건들도 실제로는 전혀 다른 종류로 취급되는 경우도 있다. 이것은 소송을 직업적으로 진행하지 않으면 알아차리기 어려운 부분이다. 그러나 당사자들은 법적 절차에 대한 경험이 많지 않으므로, 사건의 쟁점을 전혀 엉뚱한 곳에서 찾는 경우가 적지 않다. 특히 고집 센 당사자들은 자기 생각과 다른 의견을 제시하는 변호사를 '실력 없는 변호사'로 취급하기도 한다. 그러나 이러한 당사자들도 여러 번의 상담을 거치다 보면, 자연스럽게 사건의 쟁점을 파악하게 된다.

> 상속 분쟁으로 필자를 선임한 의뢰인 A가 있었다. 이분은 이미 지난 2년간 상속과 관련된 소송을 혼자 진행하고 있었다. A의 관점에서, 상대방 B의 잘못은 명백한 것이었기에, 비록 변호사의 도움 없이 혼자 소송을 제기하였지만 어렵지 않게 승리하리라고 예측되었다. 사건은 2년이 넘도록 제대로 진행된 것이 없었고, 이제는 판사에게 혼이 나기까지 하여, 자신의 힘으로는 도저히 소송을 더 이끌어 갈 수 없을 지경이 되어 변호사를 선임하게 된 것이었다.
>
> 사건의 내용은 이렇다. 약 2년 전 홀로 남은 어머니가 돌아가셨다. 남매들의 말에

따르면 어머니는 아파트 한 채를 남기고 사망하셨다. 남매 중 막내인 B는 A에게 '어머니가 남기고 간 아파트를 팔아서 받은 돈을 분배하려고 하니 인감도장과 인감증명서 몇 통을 달라.'고 하였다. A는 B를 믿고 자신의 인감도장과 인감증명서 몇 통을 건네주었다. 그리고 얼마 후, A는 B로부터 어머니가 남기고 돌아가신 아파트를 매도한 돈 중 자신의 몫을 받았다.

몇 달 후, A는 세무서로부터 상속 부동산 취득세 신고·납부 안내서를 받았다. 아무 생각 없이 편지를 열어 본 A는 뜻밖의 사실을 발견했다. A의 어머니는 아파트를 한 채만 남기고 돌아가셨던 것이 아니라 두 채를 남기고 돌아가셨던 것이었다. 이에 A는 B에게 대체 무슨 일이 벌어졌는지 물었다. B는 A에게, '사실 어머니가 남기고 돌아가신 아파트는 두 채였는데, 그중 하나는 내가 어머니에게 명의신탁[5]한 나의 아파트다. 그래서 그 아파트에 대해서는 B가 단독소유권을 가진다는 내용으로, A를 포함한 다른 남매들이 '상속재산분할협의'를 한 것으로 서류를 작성했고(A를 제외한 나머지 상속인들은 B의 주장에 동의하였다), A도 그에 동의한 것처럼 A의 인감도장을 날인하고 인감증명서를 첨부해서 B 이름으로 (단독)소유권이전등기를 마쳤다.'라고 이야기하였다. 즉, B는 A의 동의 없이, A 명의의 상속재산분할협의서를 작성(사문서위조)하여, 그 위조된 문서를 이용해(위조사문서행사) 아파트를 자신의 단독 소유로 이전등기(공정증서원본불실기재 및 행사) 하였던 것이었다. 이에 A는 B를 상대로 한 소송을 통해 자신이 상속인으로서 받아야 할 지분을 받기로 결심하고, 혼자서 '상속재산분할심판청구' 소송을 제기하였다.

지금까지의 소송 과정을 들여다보니, A는 일반인으로서는 더 잘할 수 없을 정도로 훌륭하게 소송을 진행해 왔음을 알 수 있었다. A의 말에 따르면, A는 혼자 소송을 진행하느라 정말 많은 시간과 노력을 서면 작성에 투입했고, 그로 인해 지난 2

---

5) 실질적으로는 내가 소유하는 부동산이지만, 등기는 다른 사람의 이름으로 해 놓는 것을 말한다.

년간 취미 생활도 거의 하지 못한 채 이 소송에 매달려, 지금은 몸도 마음도 지칠 대로 지친 상태였다. 그런데 이야기를 나누다 보니 정말 안타까운 사실을 발견할 수 있었다. '상속재산분할심판청구'소송은 일반적으로 소 제기 시까지 상속 분할 절차가 마무리되지 않았을 때 제기하는 소송인데, A의 경우, B가 상속재산분할협의서를 위조하여 문제의 아파트를 자신이 단독상속하는 것으로 등기까지 완료해 놓은 상태였기 때문에, '상속재산분할심판청구'소송으로 접근하기는 쉽지 않은 상태라는 점이었다. A는 자신의 상속재산을 B로부터 회복해야 하는 상황이었기 때문에, '상속재산분할심판청구'가 아닌 '상속회복청구' 소송으로 접근하는 것이 승소 가능성이 높은 상황이었다. A는 단순히 'B가 한 상속재산분할은 잘못된 것이니, 상속재산분할심판청구를 통해 상속재산을 다시 분할하면 되겠지'라고 생각했던 것이었지만, 이는 사건의 쟁점에 대한 잘못된 결론이었다.

결국 필자는 의뢰인이 진행해 오던 '상속재산분할심판청구'소송을 취하하고 상속회복청구소송을 새로 제기함과 동시에, B를 사문서위조 및 행사, 공정증서원본부실기재죄 및 행사죄로 고소하였다.

상속재산분할심판청구소송은 일반적으로 아직 분할되지 않은 상속재산을 법률에 따라 적법하게 분할하는 소송으로서, 쟁점은 '상속재산이 어떠한 형태로 얼마나 존재하는지' 그리고 '상속인이 누구인지 여부'이다. 그에 반해 상속회복청구소송의 쟁점은 '상속인이 아닌 사람이 자신을 상속인이라고 속였는지 여부'와, '문제가 된 상속재산이 상속 개시 당시에 피상속인의 점유에 속하였는지 여부' 등이다. 이 사건은 A가, 자신이 진정한 단독상속인이라고 주장하는 B로부터, A가 상속받았어야 하는 상속재산을 되찾아 와야 하는 사건이지, 아직 분할되지 않은 상속재산이 얼마나 있는지 파악하고 그것들을 분할하는 소송이 아니었다. 따라서 A는 '상속재산분할심판청구' 소송이 아니라 '상속회복청구' 소송을 제기하는 것이 적절한 상황이었다.⁶⁾ 만약 A가 소송을 진행하기 전 변호사에게 2~3번만 상담을 받았더라도 지난 2년간의 시간을 보다 의미 있게 보낼 수 있었을 것이다.

 필자는 많은 의뢰인이 변호사의 선임료는 그렇게까지 아까워하지 않으면서, 상담료에 대해서는 매우 아까워하는 경우를 많이 봤다. 그러나 상담료가 아무리 비싸다고 하더라도 변호사 선임료에 비하면 훨씬 적은 금액이다. 또한 변호사와의 반복된 상담이 너무도 길게 느껴진다 한들, 법적 절차가 진행되는 기간 또는 정신적 고통이 지속되는 기간에 비할 것은

---

6) 이에 대해서는 다른 의견이 존재할 수 있어서 자세히 설명한다. 상속재산분할협의는 상속인 전원이 하여야만 유효한데, 이 사건에서는 A를 제외한 나머지 상속인들만이 해당 아파트를 B가 단독상속하는것에 동의하였으므로, 상속재산분할협의는 법리적으로 무효이다. 따라서 A는 기존의 상속재산분할심판청구소송을 유지하면서, B가 해당 아파트를 단독상속하기로 하는 상속재산분할협의는 무효라는 점, 따라서 이 아파트는 A가 주장하는 방식으로 다시 분할되어야 한다는 점을 주장할 수도 있다. 그러나 상속재산분할심판청구는 일반적으로 상속재산이 어떠한 형태로 얼마나 존재하는지, 상속인들이 누가 존재하는지가 쟁점이 되는 소송으로서, 상속재산분할심판청구소송에서 기존 상속재산분할협의의 무효를 주장하는 것이 받아들여질 수 있을지 장담하기 어려웠고, 또한 B의 사문서위조 및 행사죄 등은 이제 막 고소장을 제출해야 하는 단계였는데, 상속재산분할심판청구소송은 이미 2년 동안이나 진행된 상태여서, 해당 재판부가 위 고소사건의 결과가 나오기를 기다려 줄지 장담하기 어려운 상황이었다. 만약 재판부가 위 고소사건의 결과를 기다려 주지 않고 상속재산분할심판청구소송의 판결을 선고한다면, B의 사문서위조 및 행사 등의 범죄는 증명이 부족한 상태라고 판단될 가능성이 크고, 그에 따라 B가 해당 아파트를 단독상속하는 상속재산분할협의는 유효하므로 A의 상속재산분할심판청구는 기각될 확률이 높다고 판단되었다. 이러한 이유로 필자는 보다 일반적이고 승소 가능성이 높은 상속회복청구소송을 제기하게 되었다.

아니다.

그러나 안타깝게도, 의뢰인들은 대부분 많은 상담의 필요성을 크게 체감하지 못한다. 필자의 경험상 의뢰인이 상담의 필요성을 크게 느끼지 못하는 이유는, 어떤 변호사가 좋은 변호사인지, 어떤 변호사가 나에게 필요한 변호사인지에 대한 명확한 기준이 없기 때문인 경우가 많았다. 만약 '내가 원하는 변호사'에 대한 자신만의 기준이 있다면, 의뢰인은 누가 시키지 않아도 많은 상담을 통해 나의 기준에 맞는 변호사를 찾게 될 것이다.

그렇다면 어떠한 변호사가 의뢰인에게 좋은 변호사일까? 이 질문에 대한 답을 내리기 위해서는 여러 종류의 변호사에 대한 전반적인 이해가 필요하다. 다음 장에서 일반인들이 생각하는 변호사의 다양한 실상에 대해 살펴보도록 한다.

나.
전관변호사 VS 비전관변호사

전관변호사란 판사, 검사 또는 경찰 고위직 등에 대한 경력이 있는 변호사를 말한다. 예전이나 지금이나 판사, 검사, 변호사가 되기 위해서는 같은 시험(구 사법시험, 현 변호사시험)을 통과해야 하는데, 그 시험에 합격한 사람 중에 일부는 판사, 일부는 검사, 나머지는 변호사가 된다. 판사, 검사들은 퇴직 후 변호사로 활동할 수 있다. 이처럼 판사 또는 검사 등으로 법조인 생활을 하다가 퇴직 후 변호사로 활동하는 변호사를 전관변호사라고 부른다. 전관변호사 하면 떠오르는 것은 바로 '전관예우' 그리고 '실력'이다.

먼저 소위 '전관예우'에 관해 이야기해 보겠다. 전관예우는 많은 사람이 전관변호사로부터 가장 먼저 떠올리는 단어일 것이다. 속된 말로 '끗발'이라고도 한다. 전관예우, 일명 '끗발'은 대한민국의 병폐 중 하나로 많은 사회적 문제를 낳고 있는 것이 현실이다. 전관예우란, 전관변호사가 비록 판사 또는 검사에서 퇴직했지만, 검찰이나 법원 조직 내에서는 여전히 선배 또는 동료로 인식되기 때문에, 의뢰인의 사건을 담당하는 검찰 또는 법원의 특정 인물, 또는 부서에 부당한 영향력을 행사하거나, 그들을 설득하여 의뢰인에게 유리한 결과를 이끌어 내는 것을 말한다. 그러나 많은 사람이 아는 바와 마찬가지로, 전관변호사가 자신의 이전 지위나 신분을 이용하여 법원, 검찰, 경찰에 부당한 영향력을 행사하여 사건의 결과를 좌지우지하는 것은 엄연한 불법행위다. 그런데도 변호사 선임을 고려하는 사람들이 전관변호사를 찾는 가장 큰 이유는 전관변호사가 내 사건에 그와 같은 힘을 써 줄 것으로 기대하기 때문이다. 과연 전관변호사는 전관예우를 사용하여 질 수밖에 없는 사건도 이길 수 있을까?

이 글을 쓰기 얼마 전에도, 고위직 검찰 출신 변호사가 전관예우를 사용한 혐의로 구속영장이 청구되는 기사가 나오기도 하였다. 이러한 기사들이 잊을 만하면 올라오는 것으로 보아 필자와는 거리가 먼 어떤 세상에서는 지금도 전관예우가 실제로 작용하고 있는 것으로 보이기는 한다. 다만 분명히 말할 수 있는 것은, 이러한 전관예우는 적어도 본인이 대한민국 내 평범한 일반인이라고 생각하는 필자와 같은 사람과는 아무런 상관없는 이야기라는 사실이다.

사실 전관변호사가 법원과 검찰에 영향력을 행사한다는 것은, 자신이 나중에 수갑을 차고 감옥에 갈 가능성을 기꺼이 감수한다는 말이다. 따라서 전관변호사로서도 범죄자가 되어 감옥에 들어가 명예가 땅바닥에 떨어지는 것을 감수할 수 있을 정도의 큰돈 또는 권력, 이권 등이 걸려 있는 일이 아니라면, 전관의 힘을 아무 때나 사용하지 않는다. 필자의 경험상, 그 정도의 돈이나 권력, 이권을 놓고 다툼을 벌이는 사람은 이러한 글을 읽는 방식으로 변호사에 대한 정보를 수집하지 않는다(만약 그러한 사람이 이 글을 통해 끗발 날릴 전관변호사를 찾고자 한다면, 잘못된 방법을 고른 것이라고 자신 있게 말할 수 있다). 그러니 '전관변호사를 써서 사건을 이겨야지.'라고 생각하거나, '상대방이 전관변호사를 통해 수를 써서 내가 패소하면 어쩌지.'라고 생각할 필요는 전혀 없다.

다음으로 전관변호사의 '실력'에 관해 이야기해 보겠다. 판사나 검사는 예전엔 사법시험 성적과 연수원 성적을 합산한 결과를 두고 우선 선발했고, 지금은 로스쿨 내의 관련 과목 성적과 변호사시험 성적, 이후 변호사 경력과 시험(판사) 등을 통해 선발한다. 과정을 세세하게 알 필요는 없지만, 아무튼 예나 지금이나 판사 또는 검사가 되려면 법학 지식이 '대단히' 뛰어나야 한다는 점은 같다. 즉, 전관변호사의 법학 실력은 분명 탁월하다고 볼 수 있는 것이다. 또한 전관변호사는 판사 또는 검사로 실제 일을 해 본 경험이 있으므로, 법원 또는 검찰이 어떻게 운영되는지, 어떠한 방식으로 사건을 처리하는지 매우 잘 알고 있다. 우리의 사건을 판단하는 사람은 판사 또는 검사이므로, 법원과 검찰이 어떠한 방식으로 업무를 처리하는지 잘 알고 있다는 사실은 변호사로서 매우 큰 장점이다. 다만 몇 가지 단점들도 존재한다.

검사 출신 전관변호사의 경우, 직무 자체가 범죄의 수사, 기소, 형사소송에 한정되어 있으므로, 형사사건에서는 확실한 강점이 있는 반면, 민사, 가사, 행정소송에서는 그만큼 경험이 없으므로 상대적으로 불리하다고 볼 수 있다. 이러한 장단점은 검사 생활을 오래 할수록 더 뚜렷해질 수밖에 없다. 또한 판사 출신 전관변호사라고 하더라도, 변호사가 되기 전 최근 몇 년간 한 가지 분야(예를 들어 민사소송 중 교통사고 사건)만을 심리하였다면, 다른 소송 분야에 대한 지식이나 경험이 상대적으로 퇴보할 수 있다. 다만 이러한 부분도 검사나 판사를 그만둔 뒤 변호사 활동을 해나가면서 자연스럽게 극복된다.

다음으로 가격이다. 전관 타이틀이 붙은 변호사는 필자 같은 '그냥 변호사'들에 비해 선임료가 기본적으로 3~4배, 많으면 10배 이상(100배가 될 수도 있다) 비싸다. 전관변호사가 가격까지 저렴하다면 의뢰인이 전관변호사를 찾지 않을 이유가 없을 것이지만, 이처럼 가격이 비싸다 보니 쉽사리 선택할 수 없는 것이 현실이기도 하다. 그 밖에 필자가 경험적으로 느낀 전관변호사의 단점도 몇 가지 더 존재하지만, 이는 주관적인 것이므로 언급하지 않겠다.

이처럼 전관변호사의 장단점은 어느 정도 뚜렷한 편이다. 따라서 전관변호사를 선택할지 말지에 대한 기준은, 위와 같은 전관변호사의 장단점을 내가 얼마나 비중 있게 여기는가에 따라 달라진다고 보면 된다. 즉, 변호사를 고를 때 실력이나 관련 실무 경력이 변호사의 가장 중요한 덕목이라고 생각한다면 전관변호사를 우선으로 고려해 보는 것이 좋은 선택이 될 수 있다. 그러나 변호사에게 법학 실력이나 경력만이 중요한 것은 아니라고 생각한다면 전관변호사를 포함한 다양한 변호사의 상담을 받는 것이 좋겠다. 전관예우나 끗발은 기대도, 걱정도 할 필요 없다.

다.
사시 출신 변호사 VS 로스쿨 출신 변호사

　지금은 그렇지 않지만, 로스쿨 출신 변호사 배출 초기만 하더라도, 사시 출신과 로스쿨 출신 중 누가 더 실력이 뛰어난가에 대해 많은 말들이 있었다(엄밀히 말하면 그들의 논의 대상은 '로스쿨 출신이 사시 출신보다 얼마나 실력이 없는가.'에 관한 것이었다). 결론적으로 말하면 사법시험이 폐지된 현시점에 둘 간의 우열을 논하는 것은 아무 의미가 없다. 실제로 필자는 로스쿨 출신 변호사이지만 법학과를 나온 관계로 사법시험에 합격해 변호사를 하는 친구들도 상당수 있는데(심지어 필자가 변호사 초기에 취업한 로펌에는 사시 출신 동료 변호사도 있었다), 변호사를 시작한 뒤 느끼는 어려움은 사시 출신이나 로스쿨 출신이나 아무런 차이가 없었다. 다만 필자가 느끼기에 사시 출신 변호사와 로스쿨 출신 변호사는 교육 과정에서 오는 구조적인 차이가 있으므로 그에 대해서만 간단히 언급하도록 하겠다.

　예전 방식의 경우, 사법시험에서 법학 실력(이론과 판례)을 테스트했고 그 뒤 사법연수원에서 실무 과정을 가르쳤다. 따라서 사시 출신 변호사는 이제 막 변호사가 되었다고 하더라도 바로 실무를 처리할 수 있는 기초가 어느 정도 형성되어 있었다. 그러나 로스쿨 출신 변호사의 경우, 로스쿨에서 이론과 판례, 그리고 실무 과정 일부를 함께 배우기 때문에, 변호사 시험에 합격한 직후에는 아무래도 실무 과정에 대한 기초 학습이 사시 출신에 비해 덜 이루어져 있는 상태이다. 다만 로스쿨 출신 변호사의 경우, 변호사시험 합격 후 6개월간 실무 수습을 거쳐야만 변호사 자격이 부여되기 때문에, 그때 부족한 실무 과정을 습득한다.

사시 출신 변호사의 경우 사법연수원이라는 곳에서 모두 같은 책으로 같은 교육을 받고 나중에 판사, 검사, 변호사로 갈라졌기 때문에, 업무처리 방식이나 양식 같은 것들이 정형화되어 있었고, 그들 사이에 사법시험이나 사법연수원의 동기 또는 선후배 인식 또한 매우 강했다. 그러나 로스쿨은 서로 다른 학교로 나누어져 있는 데다가, 합격 인원이 많아져 서로 간의 경쟁이 치열하다 보니, 그들 사이에 동기나 동문이라는 인식이 매우 약하다. 또한 '로스쿨 출신' 변호사라고 하더라도 실무 수습 과정이 모두 다르기 때문에, 그들 사이에 공통된 업무처리 방식이나 양식이라는 것은 존재하지 않는다.

요약하면, 사시 출신 변호사는 기존 업무처리 방식이나 양식에 따라 업무를 처리하는 경우가 상대적으로 많고, 로스쿨 출신 변호사는 상대적으로 개성이 있다고 볼 수 있으나, 변호사로서의 역량이나 실력 등은 합격한 시험의 종류와는 아무 관련 없다는 정도로 이야기할 수 있겠다.

라.
법무법인과 법률사무소, 대형 로펌과 일반 로펌

필자가 만나본 사람들 대부분은 '법무법인은 좀 큰 곳', '법률사무소는 좀 작은 곳'이라고 알고 있었다. 그러다 보니 필자가 지인으로부터 소개를 받은 의뢰인과 이야기를 나눌 때도 "근데 변호사님이 운영하시는 사무실은 법무법인이에요, 법률사무소예요?"라는 질문을 많이 받았다. 일반적으로 말하자면 법무법인은 규모가 조금 크고, 법률사무소는 조금 작은 것은 맞다. 그러나 중요한 것은, 변호사가 근무하는 사무실의 크기는 사건 처리 역량과 아무런 관계가 없다는 점이다. 이것을 알기 위해서는 법무법인 또는 법률사무소의 구조와 업무처리 방식에 대해 알 필요가 있다(이 글에서는 법무법인과 법률사무소를 통칭하여 '로펌'이라고 한다). 이하의 설명은 이해를 돕기 위한 것으로 현실과 조금 다를 수 있음을 밝혀둔다.

먼저 로펌의 구조에 대한 설명이다. 로펌은 1명의 대표변호사로 시작한다. 이것이 발전하면 1명의 대표변호사와, 대표변호사의 지시를 받고 일하는 몇 명의 고용변호사가(일명 '어쏘변호사') 일하는 구조가 된다. 쉬운 설명을 위해 이것을 로펌의 '기본 구조'라고 부르기로 한다.

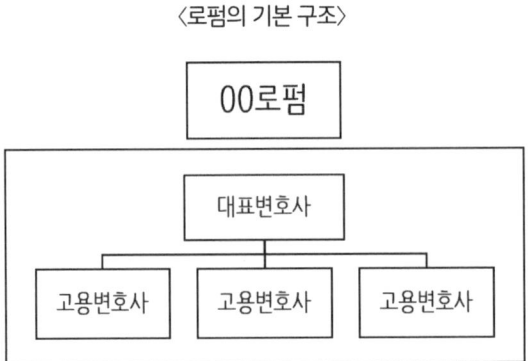

〈로펌의 기본 구조〉

이 구조가 더 발전하는 경우, 1명의 대표는 그대로 있고 고용변호사의 숫자가 늘어날 것으로 생각하기 쉽다. 일반적인 회사의 경우 그런 방식으로 몸집이 커지기 때문이다. 그러나 로펌의 경우는 그렇지 않다.

일반적인 로펌의 성장 과정은 이렇다. 1명의 대표와 몇 명의 고용변호사가 있는 구조는 어느 순간 변호사 고용변호사의 숫자가 더 이상 증가하지 않는 형태로 존속한다. 그리고 그 사무실에 이와 같은 구조를 가진 다른 대표변호사(또는 파트너 변호사)가 들어와 업무를 시작하고, 그 다른 대표변호사는 경우에 따라 자기 일을 맡길 변호사를 따로 고용한다. 즉, 로펌의 이름은 그대로 두되, '기본 구조'가 병렬적으로 확장되는 방식으로 발전하는 것이다. 쉽게 설명하자면, 이 '기본 구조'를 하나의 가족이라고 생각할 때, 로펌의 구성원이 증가하는 형태는 전통적인 가족의 형태인 '대가족'이 아니라 마치 여러 가족이 하나의 건물에 사는 아파트와 같은 형태로 발전하는 것이다. 이것이 기존 대형 로펌의 모습이다. 즉, 같은 간판을 사용하되 그 안에는 여러 팀이 존재하고, 서로가 서로의 팀에 아무 간

섭을 하지 않는 것이다. 이때, 기존의 가장을 '대표변호사', 나중에 들어온 가족의 가장을 '파트너' 변호사라고 부른다(명칭은 다를 수 있지만 개념은 비슷하다. 파트너 대신 대표변호사 명칭을 부여하는 경우도 있다).

〈로펌의 일반적인 확장 구조〉

물론, 때에 따라 여러 팀이 협업할 수도 있다. 로펌은 성장해 나가는 과정에서 법률사무소를 계속 유지할 수도, 법무법인으로 전환할 수도 있는데 이는 전적으로 대표의 결심에 달려 있다. 법무법인으로 전환하는 이유는 법인으로서 세무적인 이점을 누리기 위함인 경우가 많지만, 단순히 법무법인이 법률사무소보다 더 규모가 커 보이기 때문인 경우도 많다(단, 소수의 대형로펌 중에는 위와 같은 구조가 아니라, 사건에 따라 팀을 꾸

2. 어떤 변호사를 선임해야 할까 **049**

려 활동하는 로펌도 있다고 한다).

그러나 인터넷 광고의 발달과 함께 최근 10년 사이에 이와 같은 모습이 아닌, 대가족 형태의 로펌이 등장하여 급속히 몸집을 키우고 있다. 이러한 로펌의 경우, 대표변호사는 인터넷 광고 등을 보고 찾아온 손님들에 대한 상담을 전담하고, 그 사무실에 고용된 변호사들은 사건 처리만을 도맡아 한다. 이러한 로펌은 많은 수의 변호사가 근무하지만, 대다수 변호사가 대표변호사의 지시를 받아 업무를 처리한다. 그러다가 손님이 너무 많아 대표변호사가 도저히 상담 업무를 혼자 처리할 수 없는 경우, 고용된 변호사 중에서 중간 관리자를 두고 상담 업무를 분배한다. '기본 구조'를 하나의 가족이라고 생각할 때, 이러한 로펌은 전통적인 대가족의 모습으로 발전하는 것이다. 이와 같은 형태의 로펌은 전국에 지사를 설립하는 형태로 세력을 확장하고 있다.

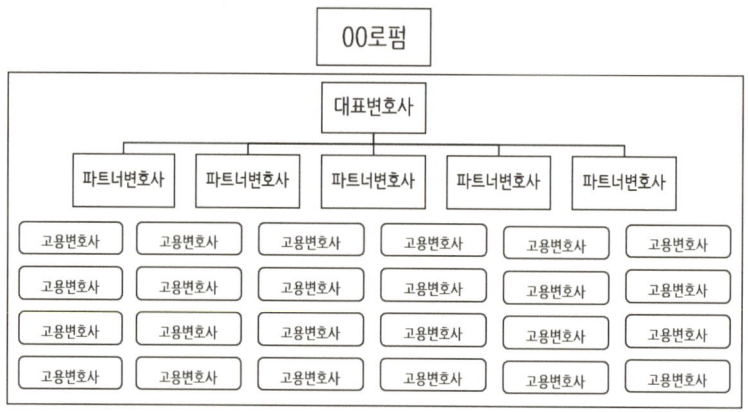

〈최근 인터넷 광고 등을 기반으로 발전한 로펌의 구조〉

다음으로 업무처리 방식에 대한 설명이다. 일류 대형로펌을 제외한 대다수 로펌은 다음과 같은 방식으로 업무를 처리한다. 먼저, 어떠한 로펌에 변호사가 1명이라면, 당연히 그 변호사가 의뢰인의 상담을 통해 사건을 수임하고 직접 처리한다. 그런데 어떠한 로펌에 1명의 대표변호사와 몇 명의 고용변호사가 있고, 사건 수가 매우 많다면, 대표변호사가 모든 사건에 대해 상담도 하고 실제 사건 처리도 하는 것은 물리적으로 불가능하다. 따라서 로펌은 수임한 여러 사건을 누가 어떻게 처리할지 내부적으로 적절히 분배하게 된다. 그런데, 변호사 선임이 처음인 의뢰인의 경우, 그 로펌에서 일하는 변호사들이 모든 사건을 서로 의논하고 토론하며 처리해 나가리라 생각한다. 그러나 필자의 경험상, 한 개의 사건은 그 사건을 담당하는 변호사가 혼자 도맡아 처리하는 경우가 대부분이다. 물론 사건 처리 과정에서 담당변호사는 대표변호사와 상의하며 사건 처리 방향을 정하기도 하지만, 사건 담당변호사가 사건 처리에 있어 절대적인 부분을 차지한다는 사실은 분명하다. 사건 담당변호사 외에 로펌에서 근무하는 다른 변호사들 역시 자신이 담당하는 사건을 처리하기에 바쁠 뿐, 다른 변호사가 담당하는 사건에 관여할 시간적, 정신적 여유는 거의 없다.

사실 그럴 수밖에 없는 이유는 이렇다. 로펌이 안정적으로 돌아가기 위해서는 보통 변호사 1명당 사건을 최소 30건 이상 맡아서 처리해야만 한다(1명의 변호사가 40~50건 정도의 사건을 처리하는 것이 보통이다. 많게는 100건 가까이 처리하는 경우도 있다고 한다). 아무리 사건의 난이도가 낮다고 하더라도, 1명의 변호사가 30건 이상의 사건을 처리하기는 결코 쉬운 일이 아니다(물론 변호사의 숙련도에 따라 큰 편차를 보인다). 그러한 상황에서 변호사들이 각자 맡은 사건을 서로 토론하는 방식으로 처리한다고 하면, 그 로펌은 하루에 사건 1개도 제대로 처리하기 어려울 것이다. 또한, 변호사들은 바쁠 때는 변론(공판)기일을 다니느라 몇 주간 서로 얼굴도 못 보는 경우가 허다하므로, 사건 토론을 위해 한자리에 모이기도 쉽지 않은 경우가 대부분이다.

다만 전통적인 형태의 대형로펌의 경우는 조금 다르다. 대형로펌의 경우 하나의 팀(앞에서 말한 '기본 구조')이 모든 사건을 함께 처리하는 경우가 일반 로펌에 비해 상대적으로 많은 것으로 보인다(물론 정확히 말하면 파트너 변호사의 주도 아래 역할을 분담하여 처리하는 것이지, 모든 변호사가 대등한 관계인 것은 아님). 이것이 가능한 이유는 선임료의 액수 때문이라는 것이 필자의 주관적인 생각이다. 일반적인 로펌의 경우, 사건 1개의 선임료(단가)가 상대적으로 저렴하기 때문에, 많은 사건을 수임하지 않으면 운영이 쉽지 않다. 반면 대형로펌의 경우 선임료가 상대적으로 매우 비싸기 때문에, 1개의 사건을 여러 명의 변호사가 처리할 수 있는 환경이 만들어지는 것으로 보인다. 다만 필자는 대형로펌에서 일해 본 경험은 없으므로, 대형로펌에 관한 이야기는 정확한 사실이 아닐 수 있으니 참고만 하길 바란다.

이처럼 일반적인 로펌의 경우, 그곳이 법무법인인지 법률사무소인지와 관계없이 하나의 사건을 처리하는 변호사는 1명(담당변호사) 또는 2명(담당변호사와 대표변호사)인 경우가 많으므로, 사실 의뢰인의 관점에서 법무법인인지 법률사무소인지는 중요하지 않다. 가장 중요한 점은 담당

변호사가 누구인지, 그 로펌에서 담당변호사의 근속 연수가 어떠한 지(변호사의 근속 연수는 매우 짧다. 내 사건이 끝나기 전에 담당변호사가 2~3명씩 바뀌는 일도 다반사)등이 훨씬 더 중요하다. 부디 큰 로펌이라는 이유만으로, 잘나가는 로펌인 듯한 인상만으로 변호사를 선임하는 일은 없었으면 하는 바람이다.

마.
지인을 통한 소개 VS 광고를 통한 리서치

처음 변호사를 찾는 의뢰인에게 가장 막막한 부분은 변호사를 어디에서 어떻게 찾기 시작해야 하는가이다. 이는 단순히 방법적인 것뿐만 아니라 변호사와 선임료에 대한 막연한 두려움부터 낯선 사람 자체에 대한 불안감까지, 매우 복합적인 감정으로 형성된다. 그럼에도 불구하고 변호사를 찾는 사람들의 방법은 대부분 크게 두 가지, 지인 소개 또는 인터넷 검색으로 한정된다. 하지만 필자는 둘 중 어떤 방법도 추천하지 않는다. 앞에서 설명했듯 좋은 변호사를 선임하는 유일한 방법은 많은 상담뿐이다. 아래에서는 위 두 가지 방법을 통해 변호사와 상담할 때 주의할 점에 관해 설명한다.

1) 지인 소개로 변호사를 찾을 때 주의할 점

지인의 소개로 변호사를 찾는 경우, 가장 조심해야 할 것은 '지인의 정'이다. 지인 소개로 변호사와 상담했는데 그 변호사를 선임하지 않는 것은 인간적인 도리로 볼 때 좀 아니지 않으냐 하는 감정을 가장 조심해야 한다는 것이다. 변호사와 변호사 지인의 관계는 사실 단순한 '인간적인 유대

관계'일 뿐이다. 그 지인은 그 변호사의 업무 역량을 검증한 바가 거의 없다는 점을 명심해야 한다(따라서 그 변호사를 통해 사건을 처리해 본 경험이 있고, 그때 만족도가 매우 높았다는 이유로 소개를 받는 것이라면 변호사의 선임을 긍정적으로 검토해 봐도 좋을 것이다). '지인의 정'으로 인해 자신의 마음에 영 들지 않는 변호사를 선임하는 일이 가장 많이 발생하는 곳은, 서로에 대한 신뢰를 바탕에 깔고 있는 교회나 성당, 절과 같은 집단, 그리고 상생을 위한 각종 모임이다. 변호사를 소개받은 사람의 입장에서 볼 때, 이와 같은 집단에서 변호사를 소개받았다고 한다면 그 변호사에게 사건을 맡기지 않기가 참 난감하다. 그 변호사에게 사건을 맡기지 않고 다른 변호사에게 사건을 맡기면 "그럴 거면 뭐 하러 소개해 달라고 그랬냐."는 말을 직·간접적으로 들을 수 있기 때문이다. 결론적으로, 지인으로부터 변호사를 소개받는 경우 '지인의 정'에 이끌려 선임하는 것을 매우 조심할 필요성이 있다는 점, 지인이 그 변호사의 업무 역량을 검증한 사실이 있는지 확인할 필요성이 있다는 점을 꼭 기억하길 바란다.

2) 인터넷 광고를 통해 변호사를 찾을 때 주의할 점

다음으로 광고를 통해 변호사를 찾는 경우이다. 여러 가지 광고 형태 중 변호사를 찾는 사람들에게 가장 큰 영향을 미치는 광고는 인터넷 광고이고, 그다음은 유튜브 동영상이다. 요즘 대부분 사람은 인터넷 광고와 유튜브 영상을 통해 변호사를 검색한 뒤 상담을 받는다. 사실 인터넷이나 유튜브를 통한 검색은 일상생활에서 매우 빈번하게 이루어지고 있으므로 특별할 것 없는 일이긴 하다. 다만 인터넷 광고를 통해 변호사를 찾을 때 반드시 알아 두어야 할 몇 가지 내용이 있다.

변호사 선임 경험이 없는 일반인의 경우, 인터넷 포털 사이트에서 어떠한 내용을 검색했을 때 나타나는 검색 순위에 큰 의미를 부여할 수 있다. 즉, 검색 순위가 높은 업체들은, 사람들이 많이 찾아보았거나, 리뷰가 많거나, 평가가 좋다는 등의 내가 알지 못하는 요인이 존재한다고 추측하는 것이다. 물론 필자가 인터넷 포털 사이트의 노출 순위에 대한 알고리즘을 정확히 알고 있지는 못하지만, 이것만큼은 이야기할 수 있는 부분이 있다. 바로 유료 광고의 경우, 검색 순위에 절대적인 의미를 부여해서는 안 된다는 것이다.

일단 유료 광고는 광고주가 돈을 내고 광고하는 것이다. 자신이 공급하려는 물건이나 서비스에 대단한 자부심이 있어서, 이런 환상적인 상품을 널리 알리고 싶은 마음이 너무 간절하여 유료 광고를 신청하는 광고주도 있겠지만, 단순히 '동종 업계의 경쟁에서 살아남기 위해' 광고를 하는 경우가 대부분이다. 즉, 유료 광고의 목적은 일단 손님을 끌어모으는 데 있는 것이다. 따라서 유료 광고라는 것은 본질적으로 광고 대상에 대한 소비자의 만족도를 전혀 보장해 주지 않는다. 일반적인 소비재의 경우 구매자들의 사용 후기가 아주 상세히 달린다. 소비자들은 리뷰를 통해 그 물건의 성능, 실용성, 내구성 등을 꽤 자세히 알 수 있고, 이를 통해 광고 내용의 검증이 어느 정도 이루어진다. 그러나 변호사의 경우, 이용 후기가 거의 없거나 매우 제한적이다 보니, 광고 내용을 검증하기가 매우 어렵다는 특성이 있다. 따라서 변호사에 대한 광고는 일반적인 인터넷 쇼핑보다 좀 더 보수적으로 바라볼 필요가 있다.

또한, 유료 광고는 말 그대로 돈을 주고 하는 광고이다. 광고주에게 있어서 광고비는 그 자체로 자신이 판매하려는 물건이나 서비스에 추가되는 비용이다. 인간의 3대 거짓말 중의 하나가 '장사하는 사람의 밑지고 판다는 말'이라는 우스갯소리가 있을 만큼, 사업자는 이윤을 남기지 않으면 안 되는 사람인 것이다. 어떠한 물건을 생산·판매하는 과정에 비용이 많이 투입된다는 것은 그 물건값이 상승할 수밖에 없다는 것을 의미한다. 이러한 점을 생각하면, 많은 광고비 지출은 선임료 상승을 불러일으킬 수밖에 없다는 사실을 알 수 있다.

무엇보다 중요한 사실이 한 가지 더 있다. 변호사 업계에서 많이 이용하는 키워드 광고의 경우, 검색 노출 순위는 변호사의 실력이나 업무처리 역량과는 무관하다는 사실이다. 예를 들어 어떤 사람이 포털사이트에 '폭행'을 검색하면 '폭행'이라는 단어를 키워드로 광고를 신청한 변호사가 먼저 검색이 되는 것이다. 그런데 이 키워드 광고의 검색 노출 순위는 광고를 신청하는 사람들의 입찰로 정해진다. 예를 들어 A 변호사가 '폭행'을 키워드로 광고를 신청한 경우, 어떤 사람이 포털사이트에 '폭행'을 검색하여 그 검색 결과를 통해 A 변호사의 홈페이지에 유입되었다고 할 때, 포털사이트에 위와 같은 방법으로 유입된 1건당 1천 원을 지불하고 있다고 가정하자. 그러다 필자가 '폭행'을 키워드로 광고를 신청하면서, 위 A 변호사보다 1건당 더 높은 비용으로 광고를 신청하면, 필자의 이름이 A 변호사를 제치고 최상단에 노출되는 것이다. 그러다 B 변호사가 나타나 필자보다 더 높은 비용을 지불하겠다고 신청하면, 그 포털사이트에서 '폭행'을 검색했을 때 B 변호사가 제일 먼저 노출된다.

변호사 업계에서 이러한 키워드 광고 시장은 매우 치열하다. 특히 인기가 많은 키워드(많이 벌어지는 사건이나 현상을 지칭하는 단어)의 경우, 검색-노출-유입 1건당 비용이 엄청나게 많이 든다. 여기서 알 수 있는 사실은 이렇다. 검색 순위는 결국 광고를 신청한 변호사가 얼마를 지불하느냐에 달려 있을 뿐 그 변호사의 실력이나 업무처리 역량 등을 보장하지는 않는다는 점, 그리고 그만한 광고비를 회수할 수 있는 비용은 결국 의뢰인에게서 받는 선임료뿐이므로 위와 같은 광고는 변호사 선임료의 상승을 불러일으키는 요인이 된다는 점이다. 따라서 광고를 통해 변호사를 찾고자 한다면 광고의 내용을 이성적인 관점에서 분석하는 것이 필요하다. 예를 들면, 어떤 로펌이 특정 분야에 대한 사건 처리 숫자가 엄청나게 많다고 한다면, 그 로펌에 소속된 변호사들은 특정 분야에 대한 사건 처리 과정과 결과를 공유할 것이므로, 특정 사건에 대한 전문성이나 노하우가 많다고 생각할 수 있을 것이다. 다른 예로, 어떤 로펌이 오랫동안 광고를 해 오고 있다면, 적어도 동종 업계의 치열한 경쟁에서 살아남은 업체라는 것을 알 수 있고, 그럴 만한 이유가 있지 않을까 하는 생각을 가져 볼 수 있을 것이다. 그러나 단지 '최고의 승소율', '따라올 수 없는 전문성'과 같은 추상적인 문구들은 실제 그 변호사의 역량이나 장점을 엿볼 수 있는 내용은 아니므로, 그러한 광고 문구가 검색 결과 상단에 노출된다고 하더라도 그 순서와 의미에 어떠한 의미를 부여하지는 않기를 바란다.

3) 유튜브 광고를 통해 변호사를 선임할 때 주의할 점

유튜브의 최대 장점은 변호사의 얼굴을 볼 수 있다는 점이다. 변호사가 영상에서 직접 이야기하는 모습을 통해, 의뢰인은 그 변호사의 성격이나 됨됨이가 어떠할지 짐작할 수 있고, 때로는 영상을 통해 직접 상담한 것과 같은 느낌을 받을 수도 있다.

다만, 유튜브 영상에 나온 변호사의 모습은 그 변호사의 가장 좋을 때의 모습이라는 점을 잊어서는 안 된다. 방송에 자주 나오는 연예인이나 정치인들이 방송에서의 모습과는 다르게 매우 못된 짓을 해 처벌까지 받는 사례를 종종 볼 수 있다. 실제 성격이 그토록 못된 사람이라도, 카메라 앞에서까지 그 모습을 보여 주는 사람은 없다. 즉, 유튜브에서 볼 수 있는 그 변호사의 모습은 실제 모습일 수도, 그렇지 않을 수도 있는 것이다. 특히 변호사는 사람 간의 갈등을 다루는 사람으로서, '싸움'에 익숙한 사람들이다. 그 말은, 친절한 모습으로 상대방을 설득하는 것도 익숙하지만, 상황에 따라 불같이 화를 내는 것에도 익숙하다는 것이다. 이러한 면은 변호사와 의뢰인 사이에 갈등이 발생했을 때 드러난다. 만약 의뢰인이 변호사의 모습을 유튜브 영상에서의 모습만으로 상상했다면, 갈등 상황에서 그와 정반대되는 모습에 크게 실망할 수 있다. 내가 믿었던 변호사가 유튜브에서 친절하고 유쾌하게 말하는 모습과 정반대의 모습을 나타낼 수도 있음을 잊어서는 안 된다.

이와 더불어 반드시 확인해 봐야 할 부분이 있다. 바로 '유튜브에 나온 변호사가 사건을 직접 처리하는가.' 하는 것이다. 사실 유튜브 영상을 통해 그 변호사를 선임하기로 마음먹은 사람들은, '이 변호사라면 내 사건을 잘 처리해 주겠구나.'라고 생각했을 것이다. 유튜브 영상을 보는 그 누구도, 영상에 나온 변호사가 아닌 다른 변호사가 사건을 처리할 것을 생각하며 사건을 맡기지는 않을 것이다. 따라서 유튜브 영상을 통해 변호사를 찾는다면, 영상에 나온 변호사가 실제로 사건을 처리하는지를 반드시 확인해 보아야 한다. 만약 그 로펌의 구조상, 영상에 나온 변호사는 준비서면을 작성하거나 변론(공판)기일에 출석하는 등으로 소송을 실제로 진행하지는 않고, 여러 고용변호사를 감독하는 역할만을 담당한다면, 적어도 사건을 직접 처리하는 담당변호사와 어떻게 의견을 교환하며 사건을 진행하는지, 사건이 진행되는 과정에서 의뢰인이 직접 영상에 나온 변호사와 연락할 수 있는지를 물어보고, 그에 대한 대답을 들은 후 선임 여부를 결정하는 것이 좋을 것이다.

결국, 인터넷 광고나 유튜브 영상은 내용을 최대한 객관적, 보수적으로 받아들여야 할 것이다. 그리고 변호사와의 상담 시, 해당 변호사를 선임 후보에 올린 광고 문구가 진실인지 최대한 검증해 보는 것이 중요하다. 변호사 업계는 경쟁이 매우 치열한 시장이다. 변호사 수는 점점 증가하는 반면 인구 감소로 인해 의뢰인의 숫자는 같거나 해가 갈수록 줄어든다. 광고는 경쟁에서 살아남기 위한 수단일 뿐이라는 사실을 명심하기를 바란다.

바.
선임료가 비싼 변호사, 선임료가 저렴한 변호사

대부분 의뢰인은 선임료가 저렴하다고 해서 그 변호사를 실력 없는 변호사라고 생각하지는 않는다. 그러나 비싼 선임료를 제시하는 변호사에게는 막연히 '비싼 데는 이유가 있겠지.'라고 생각하는 경향이 있는 것 같다는 게 필자의 느낌이다.

예를 들어 가전제품의 경우, 시중에는 가격대가 높은 대기업 제품과 가격이 상대적으로 저렴한 중소기업 제품이 존재하고, 대기업 제품은 가격이 비싼 만큼 제품에 대한 퀄리티가 좋다거나 A/S가 편리하다는 등의 실질적인 장점이 존재한다. 그러나 추후 상세하게 이야기하겠지만, 사실 선임료는 변호사가 정하기 나름일 뿐, 그 가격과 서비스의 질이 비례하지 않는 경우가 많다. 자신이 쌓아 온 특출난 커리어를 감안하여 선임료를 비싸게 정하는 변호사가 있는 반면, 그냥 별다른 이유 없이 선임료를 비싸게 제시하는 변호사도 있고, 실제 업무 능력은 탁월하지만 비싼 선임료를 받는 것이 부담스러워 저렴한 선임료를 제시하는 변호사도 있다. 또한 비싼 선임료를 받고도 엉망진창으로 일을 처리하는 변호사도 있는 반면, 상대적으로 저렴한 선임료를 받고도 최선을 다해 사건을 처리하는 변호사도 있다.

　결국 서비스의 만족도는 변호사가 어떤 사람인지, 어떤 성격과 마음가짐을 가졌는지, 얼마나 실력이 있는지에 따라 달라지는 것이지, 선임료 액수에 따라 달라지는 것은 아니라고 보아야 한다. 혹시라도 선임료의 많고 적음을 가지고 변호사를 평가하려는 마음을 가지고 있다면 잘못된 생각이라고 이야기해 주고 싶다.

사.
전문변호사 또는 변호사 전문분야란?

필자가 많이 받는 질문 중의 하나가 "변호사님은 어떤 분야가 전문이세요?"라는 것이다. 사실 필자는 일반 사람들이 일상에서 겪는 다양한 문제에 대한 사건을 처리해 오고 있는데, 일상생활에서 겪는 문제들은 보통 여러 가지 문제가 서로 얽혀 있는 경우가 많으므로, 그중 한 가지만을 전문분야로 삼을 필요성을 느끼지는 못했다. 그러나 변호사 간의 경쟁이 매우 치열해진 요즘은, 개업 초기부터 자신의 전문분야를 정해 그 분야를 집중적으로 발전시키는 변호사가 많아졌다. 하지만 반대로 전문분야를 앞세우는 변호사가 많아짐에 따라, '전문분야'의 희소성은 오히려 감소하고 있다는 지적도 나온다. 과연 변호사의 '전문분야'라는 것은 무엇이고, 어느 정도의 기준으로 설정된 것일까?

대한변호사협회에 따르면 '대한변호사협회는 법률 수요자의 요구에 적합한 양질의 법률 서비스를 제공하고, 회원 상호 간 자유경쟁을 통해 각 업무 영역에 대한 전문성을 극대화하기 위하여 변호사 전문분야 등록제도를 시행'하고 있다고 한다(변호사 전문분야 등록에 관한 규정 제1조 참조). 개인적으로 썩 이해가 가는 내용은 아니지만, 아무튼 대한변호사협회에서는 일정한 요건을 정해 변호사에게 '전문분야'를 등록할 수 있도록 하고 있고, 이 '전문분야'를 등록한 변호사를 '○○○ 전문변호사'라고 한다. 다만, 변호사 광고 규정의 개정으로 인해 지금은 어떤 변호사든 광고에 '전문'이라는 단어를 쓸 수 있게 되었다.

자신을 ○○○ 전문변호사라고 부르는 것은, 그 호칭에 구애받지 않고 소비자가 판단하면 될 문제다. 많은 사람이 궁금해하는 부분은 '대한변호사협회에 등록된 전문변호사'가 과연 어느 정도의 전문성을 가졌는가 하는 점일 것이다. 먼저 변호사 전문분야 등록에 관한 규정에 명시된 대한변호사협회 전문분야 등록 요건을 보고 이야기하도록 하자(2024년 3월 기준).

〈변호사 전문분야 등록에 관한 규정 별표〉

별표 2 (개정 2020. 12. 28.)

전문분야별 요구되는 사건수임 건수

분야	사건수임 건수	분야	사건수임 건수
가사법	30건	산재	20건
건설	30건	상속	20건
교통사고	30건	상속증여세	20건
군형법	30건	상표	20건
도산	30건	엔터테인먼트	20건
등기·경매	30건	영업비밀	20건
민사법	30건	인수합병	20건
민사집행	30건	저작권	20건
보험	30건	조세법	20건
부동산	30건	지식재산권법	20건
상사법	30건	특허	20건
소년법	30건	해외투자	20건
손해배상	30건	회사법	20건
이혼	30건	IT	10건
임대차관련법	30건	국제관계법	10건

재개발·재건축	30건	국제조세	10건
채권추심	30건	국제중재	10건
형사법	30건	방송통신	10건
공정거래	25건	스포츠	10건
금융	25건	에너지	10건
수용 및 보상	25건	이주 및 비자	10건
식품·의약	25건	조선	10건
의료	25건	종교	10건
증권	25건	중재	10건
행정법	25건	해상	10건
관세	20건	헌법재판	10건
국가계약	20건	환경	10건
국제거래	20건	성년후견	10건
노동법	20건	스타트업	10건
무역	20건	학교폭력	10건
법인세	20건	입법	10건

(출처 : 대한변호사협회 홈페이지 : https://www.koreanbar.or.kr)[7]

위 표는 대한변호사협회의 전문분야 등록 요건을 정리한 것이다. 표를 살펴보면 생각보다 전문분야 등록 요건이 까다롭지 않다는 것을 알 수 있다. 한 가지 예를 들자면, '민사법' 전문분야의 경우 사건 수임 건수 요건은 30건으로 기재되어 있는데, 사실 이 정도 사건 숫자는 일반적인 로펌의 새내기 변호사가 1년~1년 반 정도면 충분히 경험하고도 남을 정도의 숫자이다. 의견 차이가 있을 수 있겠지만, 미국 콜로라도 대학교의 심리학자 앤더스 에릭슨(K. Anders Ericsson)이 주장한 1만 시간의 법칙[8]과 비교하면 턱없이 부족한 요건임에는 분명하다.

---

7) 변호사 전문분야 등록에 관한 규정은 2024년 초에 개정되었지만, '별표 2'는 아직 개정되지 않았다. 별표도 조만간 개정될 가능성이 커 보인다.
8) 어떤 분야의 전문가가 되려면 최소 1만 시간의 훈련이 필요하다는 법칙

이처럼 전문분야 등록 자체는 그리 어려운 일이 아니다. 따라서 어떤 변호사가 등록한 '전문분야'가 그 변호사의 해당 분야에 대한 엄청난 경력과 내공을 보장하지는 못한다고 보아야 한다. 물론, 전문분야를 내세우는 변호사가 실제로 그 분야에 대해 제대로 된 관심도, 노력도 없이 그저 요건만을 채우는 경우는 거의 없을 것이지만, 등록 요건 자체가 어렵지 않기 때문에, 전문분야를 등록한 변호사라도 각자의 경력과 실력은 천차만별이라고 할 수 있는 것이다. 또한, 전문분야를 등록하지 않은 변호사라도 사실 그 분야에 능력이 출중한 변호사일 가능성도 있다. 즉, 전문분야를 내세우는 변호사가 진짜 그 분야의 전문가인지 아닌지는 '전문분야'라는 단어만으로 판단하기 어렵다고 볼 수 있을 것이다.

이처럼 '전문분야'라는 단어 하나로 변호사를 판단해서는 안 된다는 점을 명심하고, 신중한 상담을 통해 변호사를 선택하기를 바란다.

아.
승소율

변호사들 간의 경쟁이 치열해짐에 따라, 변호사 광고에 자주 등장하는 단어가 바로 '승소율'이다. 예를 들면 '그 누구도 따라올 수 없는 승소율 ○○○변호사'와 같은 광고 문구들이다. 지금이라도 포털사이트에 '변호사 승소율'을 검색해 보면, 승소율이란 무엇인지, 승소율이 왜 중요한지 등에 대해 정말 많은 정보를 발견할 수 있다. 이러한 글들은 대부분 '승소율 높은 변호사를 선임해야 한다.'라는 것으로 마무리된다. 그러나 정작 승소율이 무엇을 말하는지는 명확하게 적혀 있지 않다. 사실 변호사인 필자도 '승소율'이라는 말이 정확히 어떤 뜻인지 알지 못한다.

승소율이란 말 그대로 '소송에서 이기는 확률'이다. 어떠한 변호사가 10건의 소송을 진행해서 그중 몇 개의 소송에서 이겼는지 계산한 것이다. 언뜻 생각할 때 민사, 가사, 행정소송이라면 원고가 청구한 것이 인정되었는지 여부에 따라 승소율을 계산하면 될 것 같고, 형사소송이라면 무죄를 받았는지 아닌지를 가지고 승소율을 계산하면 될 것 같다. 그러나 여기까지만 이야기해도 무엇인가 석연치 않은 구석이 있음을 느낄 수 있다. '민사소송 등에서 청구한 내용을 전부 인정받는 것은 흔한 일은 아니지 않나?'라는 생각 또는 '형사소송에서 무죄도 성공이지만 집행유예만 받아도, 또는 벌금만 받아도 성공이라고 볼 수 있지 않나?' 하는 생각 등이다.

그렇다면 민사소송에서는 일부승소, 형사소송에서는 집행유예나 벌금까지도 '승소'의 범주 안에 넣을 수 있을까? 그러나 집행유예도 받지 않기 위해 변호사를 선임한 사람이 소송에서 그토록 피하고 싶은 집행유예를 선고받았다면, 이것은 승소라고 보기는 어려울 것이다. 결국 '승소'는 의뢰인이 원하는 목표를 얼마나 달성하였는지로 계산하여야 할 것이다. 그렇다면 원하는 목표를 얼마나 달성해야 비로소 '승소'라고 이야기할 수 있을까? 내가 원했던 부분의 80% 또는 90% 이상을 인정받으면 내가 이겼다고 이야기할 수 있을까?

◆ **사례 1**

건설회사 A는 지난해 어떠한 공사현장에서 하도급을 받아 공사를 마무리했음에도 불구하고 도급인으로부터 공사대금을 받지 못했다. A 회사는 설계도에 따라 공사했고 하자도 많지 않았다. 게다가 도급인이 요구하는 하자도 대부분 보수해 주었고, 하자보증보험까지도 발행해 주었다. 그런데도 A 회사는 공사대금을 받지 못했고, 기간도 1년 이상 흘렀다. 이에 A 회사는 소송을 통해 공사대금을 받기로 마음먹었다.

객관적으로 보았을 때, A 회사는 소송에서 그동안 받지 못했던 공사대금의 원금 정도만 인정받아도 소송에서 패소했다고 이야기할 수는 없는 상황이다. 더욱이 공사대금 청구소송에서는 상대방의 감정을 통해 숨겨진 하자가 드러나 공사대금이 감액되는 경우도 많으므로, A 회사가 원금에 근접한 돈을 인정받는 판결을 받는다면, 그 소송은 이긴 소송으로 평가받을 수도 있었다.

그러나 A 회사 대표의 생각은 달랐다. 상대방 도급인은 규모가 큰 회사인데, 이미 발주처로부터 오래전 공사대금을 받았음에도 A 회사에는 이런저런 트집을 잡으며(이른바 '갑질'을 해대며) 공사대금을 주지 않고 있었다는 것이다. 게다가 돈을 주지 않고 있던 기간도 1년 이상이었기 때문에, A 회사 대표는 화가 단단히 난 상태였다. 이에 A 회사 대표는 그동안 받지 못했던 공사대금 원금과 건설산업기본법상의 15.5%의 이자, 그리고 변호사 선임료까지 전부 받아 내고야 말겠다고 생각하고 있었다. 이 소송에서 A 회사가 공사대금 원금의 80% 정도만 인정받았다고 가정하자. A 회사 대표는 과연 이 소송에서 이겼다고 생각할 수 있을까?

◆ 사례 2

반면 객관적으로 아주 작은 승리지만 그 작은 승리가 당사자에게는 큰 의미로 다가오는 일도 있다. 약 5년간 한 회사에서 근무하다 퇴직 후 창업을 한 A의 이야기다. A는 그 회사에서 나름 성실하고 우직하게 맡은 업무를 처리했지만, 사장의 스타일과는 맞지 않아 갈등을 겪다 퇴사를 결심했다. 퇴사 후 이직을 할지, 창업을 할지 고민하던 중, 이미 회사의 많은 고객이 A를 신뢰하고 있음을 떠올렸다. 이에 A는 그 고객들을 기반으로 동종 업종을 창업하기로 마음먹었다.

A는 회사에 퇴직 날짜를 통보한 뒤, 고객들에게 자신은 곧 퇴직하고 창업할 예정이니, 자신에게 일을 맡겨 달라고 부탁했다. 그리고 A는 회사에서 퇴직하면서, 자신이 회사에 소속되어 관리하던 고객들의 정보가 담긴 컴퓨터 파일 몇 개(A가 고객 관리를 위해 직접 만든 파일)를 삭제해 버렸다. A의 퇴직 후 다수의 고객이 A가 다니던 회사와 거래를 중단하는 것을 수상하게 생각한 사장은 A가 사용하던 컴퓨터를 살펴보았고, A가 퇴사하면서 고객들 정보에 관한 컴퓨터 파일을 삭제한 것을 알아냈다. 이후 사장은 그 컴퓨터의 데이터를 복구하여 그 내용을 증거로 A를 업무방해죄로 고소하였다. 1심에서 A는 '위력에 의한 업무방해죄'로 벌금 500만 원을 선고받았다.

그런데 항소심은 조금 다른 양상으로 흘러갔다. 형법상 '위력'이란 '사람의 자유의사를 제압·혼란케 할 만한 일체의 세력'을 말하는 것이어서, 단순히 컴퓨터 파일을 삭제한 A의 행위를 '위력'이라고 할 수 있을지가 문제 되었기 때문이었다. A의 행위가 위력인지 아닌지에 대해 몇 차례 변론기일이 진행된 끝에, 검사는 A의 행위는 '위력'이라고 평가하기는 어렵다고 판단하고(위력 외에 다른 종류의 업무방해죄도 성립하기 어렵다고 판단함), 판사에게 업무방해죄가 성립되지 않을 시 '전자기록 등 손괴죄'를 적용해 줄 것을 요청했다. 항소심 재판부는 A에게 업무방해죄가 성립한 1심을 파기하고 '전자기록 등 손괴죄'를 적용하면서, 벌금을 500만 원에서 300만 원으로 감형했다.

1심과 항소심의 벌금 액수 차이는 고작 200만 원뿐으로, 금액만 따지자면 큰 의미는 없다고 볼 수 있었다. 그러나 이 효과는 민사소송에서 매우 크게 나타났다. 민사소송에서 회사는 A에게 업무방해죄가 인정되었던 형사소송 1심 판결을 근거로, A가 변심을 유도한 고객들의 1년 치 매출액 상당의 돈(약 2~3억 원이라고 주장)을 손해배상금으로 청구하였다. 위 형사소송 항소심 결과가 나오기 전까지, 회사는 자신들의 손해배상액을 다 인정받을 수 있다고 자신했다. 그러나 위 형사소송 항소심에서 A의 죄가 컴퓨터 파일에 대한 '전자기록 등 손괴죄'로 바뀌자 상황이 달라졌다. A의 죄가 컴퓨터 파일을 삭제한 것이라면, 원칙적으로 회사가 입은 손해는 'A가 삭제한 파일의 가격'이 되어야 했기 때문이었다(다른 사람의 물건을 부쉈다면 그 물건값을 변상해 주는 것과 같은 이치이다). 그러나 그 파일의 가격이 정확히 얼마인지는 알 길이 없었다. 더구나 그 파일의 내용은 고객정보였는데, 그 파일은 A가 단지 회사 내에 존재하는 자료 등을 정리해 놓은 것에 불과하여, 그 파일이 없다고 해서 회사가 고객의 정보를 전혀 알지 못했던 상황도 아니었다. 이러한 이유로 인해 A와 회사의 민사소송은 A가 승리할 가능성이 매우 커졌다.

◆ **사례 3**

간혹 변호사와 의뢰인이 사건에 대해 서로 다른 느낌을 갖는 일도 있다. 예를 들어 상간자에 대한 위자료 청구소송 같은 것들이다. 배우자의 불륜으로 인해 가정이 엉망이 되는 경우, 피해를 본 의뢰인이 느끼는 정신적 고통은 돈으로 환산한다면 수십억 원, 수백억 원에 달한다. 그러나 상간자에 대한 위자료의 경우, 의뢰인이 입은 정신적, 물질적 고통과 비교하여 현저히 적은 금액이 인정되는 것이 보통이고, 그것도 결정적인 증거를 제시하지 않으면 감액되는 경우가 많다. 따라서 의뢰인은 자신이 청구한 위자료(사실 수십억을 청구하고 싶은 마음이 굴뚝같았지만, 변호사의 말을 듣고 금액을 줄이고 줄인 청구 금액)를 전부 인정받지 못한다면 그 소송은 졌다고 느끼는 경우가 많다.

그러나 변호사의 입장은 다르다. 특히 의뢰인의 배우자가 불륜을 저지른 사실은 분명하지만, 그에 대한 증거가 많지 않다면 자칫 전부 패소를 당할 수도 있다. 따라서 변호사에게는 판결에서 위자료 액수가 얼마나 나오는가 보다는, 일단 소송에서 상대방의 불륜을 인정받는 것을 최우선으로 생각하는 경우가 많다. 따라서 소송에서 적나라한 불륜의 증거가 부족하여 매우 적은 액수의 위자료만이 인정된 경우, 변호사로서는 패소할 가능성이 큰 사건을 이겼다는 사실에 만족감을 느낄 수 있다. 이러한 변호사와 의뢰인 간의 소송 결과에 대한 인식 차이는 종종 서로에 대한 불신과 성공보수 지급에 대한 다툼으로 이어지기도 한다.

이처럼, 승소와 패소라는 개념은 의뢰인의 인식, 의뢰인이 처한 상황, 사실관계 등에 따라 달라지는 개념이다. 객관적으로 보기에 아주 작은 승리라도 의뢰인에게 큰 의미가 될 수 있는 승리도 있는 반면, 객관적으로 보기에 다 이긴 것 같은 사건이라도 의뢰인에게는 패배로 인식되는 사건도 있다. 더군다나 일반적인 '승부'란 승리 혹은 패배가 명확하지만, 소송은 종종 양쪽이 모두 졌다고 생각하는 경우도 있고, 양쪽이 모두 이겼다고 느끼는 경우도 있다. 또한 변호사는 승소하였다고 생각했지만, 의뢰인은 패소했다고 느끼는 경우도, 그 반대의 경우도 있다. 따라서 어떤 변호사가 '승소율이 높다.'라고 이야기해도 그것은 그 변호사 개인의 지극히 주관적인 이야기일 뿐, 객관적으로 검증할 수 없는 내용인 것이다.

이렇듯 승소와 패소는 그 누구도 정의할 수 없는, 추상적이고 불확정한 개념이다. 그러니 변호사를 찾는 과정에서 '승소율'은 머릿속에서 지우기를 권장한다.

자.
기타(변호사 나이, 사무실 위치 등)

　필자의 경험상 젊은 의뢰인들은 변호사의 나이에 크게 신경 쓰지 않은 데 비해 연세가 있으신 의뢰인들은 어린 변호사를 선호하지 않는 경향이 조금 더 높았다. 어떠한 변호사가 좋은지 나쁜지는 나이와는 아무런 상관이 없다. 물론 나이가 어린 변호사 또는 변호사가 된 지 얼마 되지 않은 변호사의 경우, 사건을 진행하는 데 있어서 서투른 면을 노출할 수는 있다. 그러나 의뢰인이 변호사에게 승소만을 요구하는 것은 아니고, 절차 진행에 서툴다는 것이 곧바로 패소로 이어지는 것도 아니므로(사실 큰 관련이 없다고 해도 과언이 아니다.), 나이의 많고 적음 또는 오랜 경험의 유무를 가지고 변호사를 평가할 수는 없다. 필자의 경험상, 좋은 변호사는 변호사를 처음 시작했을 때부터 의뢰인들에게 좋은 평가를 많이 받았고, 나쁜 변호사는 처음부터 좋지 않은 평가를 많이 받았다.

　한편, 간혹 변호사를 '서울 변호사'와 '지방 변호사'로 나누는 분들도 만난다. 이런 분들은 아무래도 서울 변호사가 지방 변호사보다 낫다고 이야기한다. 그러나 막상 깊이 이야기해 보면 사실 무엇이 좋은지, 어떠한 이유로 좋은지에 대한 내용은 없다. 그저 '뭐가 달라도 다르겠지.' 하는 마음

뿐이다.

 굳이 이야기하자면 서울 또는 수도권이 좋다고 볼 수 있는 점은 변호사 숫자 자체가 많다는 점에 있다. 변호사 숫자가 많으므로 의뢰인의 입장에서 여러 변호사에게 상담을 받을 수 있고, 그만큼 좋은 변호사를 고를 확률도 높을 수 있다. 필자는 이러한 부분 외에 사무실의 위치로 인한 다른 장점을 느낀 바가 없다.

차.
필자가 생각하는 좋은 변호사의 덕목

변호사의 종류는 이렇게나 많은데, 우리는 과연 어떤 변호사를 선택해야 할까. 돈이 정말 많다면 곧장 대형 로펌에 찾아가면 그만이다. 그러나 의뢰인 대부분은 변호사에 지출할 돈이 충분치 않다. 우리나라 변호사 숫자가 그렇게나 많이 늘었다는데, 정작 나와 내 주변 사람들은 제대로 아는 변호사가 없다. 이제부터라도 인터넷과 유튜브를 통해 변호사를 찾아보려 하는데, 과연 어떤 점을 염두에 두고 찾아봐야 할까?

1) 변호사는 해결사가 아닌 길잡이다

변호사 선임 이후의 만족도를 크게 떨어뜨리는 요인 중 하나는 바로 변호사에 대한 잘못된 생각이다. 앞서 언급한 바와 같이, 실제 변호사의 모습은 드라마나 영화에서 접한 변호사의 모습과는 전혀 다르다.

드라마나 영화에 나오는 변호사는 의뢰인으로부터 별다른 이야기를 듣지 않았음에도 사건의 세밀한 부분까지 다 알고 있다. 따라서 의뢰인과의 소통 없이도 사건을 마음대로 해결할 수 있다. 그러나 실제 변호사는 그렇지 못하다. 변호사는 사건을 직접 경험한 사람이 아니므로, 의뢰인으로부터 이야기를 듣기 전까지 사건에 대해 아무것도 아는 것이 없다. 너무 당연하게도 변호사가 사건을 파악하기 위해서는 의뢰인과 사건에 관한 이야기를 충분히 나누어야 하고, 의뢰인이 가져온 증거를 꼼꼼하게 살펴보아야 한다. 이처럼 변호사는 사건에 대해 아무것도 모르는 사람이기 때문에, 의뢰인과 소통하지 않으면 혼자서 아무것도 할 수 없다. 즉, 변호사는 애초에 드라마나 영화에 나오는 '해결사'로서의 자질을 전혀 갖추지 못하고 있는 것이다.

결국 변호사는 의뢰인으로부터 사건에 관한 이야기를 듣고 법률적인 지식을 결합하여 해결 방향을 제시하는 '길잡이'가 될 수 있을 뿐이다. 따라서 변호사 선임 과정 역시 길잡이를 찾는 과정이어야 하는 것이지, 해결사나 영웅을 찾는 과정이 되어서는 곤란하다. 즉, 의뢰인은 오랜 시간 동안 사건에 대해 함께 이야기를 나누고 의견을 교환하여 가장 좋은 해결 방향을 찾는 데 가장 적합한 사람을 찾아야만 하는 것이지, 나와 아무런 소통 없이 모든 것을 알아서 처리할 사람을 찾아서는 안 되는 것이다. 이 점을 반드시 명심하기를 바란다.

2) 변호사 선택을 후회하게 만드는 가장 큰 요소는 '변호사와의 소통 정도'

변호사 선임을 해 보지 않았던 분들의 경우, 일반적으로 '패소'가 변호사 선임을 후회하게 만드는 가장 큰 요소라고 생각하기 쉽다. 변호사는 법적 절차에서 이기기 위해 선임하는 사람이지, 지기 위해 선임하는 사람이 아니기 때문이다. 그러나 필자가 경험한 바는 조금 다르다. 의뢰인들이 변호사의 선임을 가장 후회하게 만드는 가장 큰 요소는 바로 '변호사의 인성(됨됨이)과 소통 능력'이었다.

법적 절차 아무리 작은 사건이라도 최소한 4개월 이상 걸리기 마련이고, 긴 사건들의 경우 1심 판결이 나오기까지 3년 이상 소요되는 경우도 있다. 이 긴 시간 동안, 원고와 피고는 서로 준비서면과 증거를 주고받으며 자신의 주장을 펼치고 상대방의 주장을 반박한다. 소송이라는 것은 이처럼 긴 시간에 걸쳐 진행되기 때문에, 의뢰인은 그 기간 동안 소송이 잘 진행되고 있는지, 자신에게 유리하게 혹은 불리하게 흘러가고 있는지, 증거는 모두 제출되었는지, 판사는 어떤 말을 했는지, 상대방이 더 제출한 것은 없는지 등 수많은 부분에 궁금증을 느끼게 된다. 의뢰인은 이와 같은 내용을 변호사를 통해 확인하고 싶어 한다. 그러나 변호사 대부분은 현재 처리하고 있는 사건이 많다 보니 하루에도 여러 의뢰인으로부터 연락을 받게 되고, 그로 인해 스트레스를 받게 된다. 그러다 보면 시간이 지날수록 변호사는 의뢰인의 연락을 달가워하지 않게 되고, 심한 경우 의뢰인은 직원 또는 사무장과만 연락이 허용되는 상황이 발생하기도 한다.

법적 절차가 진행되는 과정에서 변호사가 느끼는 감정과 의뢰인이 느끼는 감정은 매우 다르다. 변호사는 사건을 직접 겪은 사람이 아니므로, 소송 상대방의 과장되거나 왜곡된 주장을 받아 보더라도 감정의 동요가 크지 않다. 그러나 의뢰인의 경우, 상대방의 왜곡된 주장을 보게 되면 피가 거꾸로 솟을 만큼 화가 치밀어 오른다. 이렇게 열 받은 의뢰인은 자신의 변호사에게 격앙된 감정으로 자기 생각을 이야기하기도 하고, 있는 증거, 없는 증거를 왕창 모아 변호사에게 제출해 달라고 하기도 한다. 때로는 변호사에게 지난 준비서면에 부족한 부분이 없었는지를 이야기하기도 하고, 준비서면을 작성할 때 좀 더 강한 어조로 작성해 달라고 요청하기도 하는데, 그러한 요청을 받은 변호사는, 의뢰인이 자신의 능력이나 일처리를 미덥지 않아 한다는 생각에, 의뢰인에게 마음이 상하기도 하고, 신뢰가 깨졌다고 생각하여 의뢰인과 싸우기도 한다.

만약 의뢰인과 변호사와의 관계가 이처럼 엉망이 되었는데 결과 자체는 승리한 것으로 결과가 나왔다고 가정해 보자. 이러한 상황이라면 과연 의뢰인이 '승리'라는 결과 하나만을 가지고 자신의 변호사에게 만족감을 느낄 수 있을까? 적어도 필자의 경험상, 승리라는 결과 하나만으로 변호사에 대해 만족하는 의뢰인은 단 한 명도 없었다. 오히려 그러한 승리는 변호사가 열심히 해서 나온 것이 아니라 우연으로, 또는 의뢰인 본인이 열심히 해서 얻어진 결과라고 생각하는 의뢰인이 대부분이었다. 반대로 어떠한 법적 절차에서 패배하였다고 하더라도, 변호사가 사건이 진행되는 동안 의뢰인의 말을 경청하고, 함께 사건에 대해 오랜 시간 의견을 나누며 소송을 진행해 왔다면, 의뢰인은 오히려 변호사에게 고마움을 느끼는 경우가 많았다. 이 경우, 의뢰인의 변호사에 대한 신뢰는 '패배'라는 결과에 전혀 영향을 받지 않았다.

변호사에게는 많은 덕목이 요구되겠지만, 필자의 경험상 변호사의 만족도에 가장 영향을 미치는 요소는 법적 절차의 결과가 아닌 과정에서 나타나는 요소, 즉 의뢰인과 변호사의 소통, 그리고 의뢰인의 요구를 적절하게 조절해 주는 변호사의 인성과 태도였다. 이 점을 꼭 명심했으면 한다.

3) 변호사가 의뢰인과 활발히 소통할수록 승소 확률이 높아진다

어떠한 사건이 법적 절차로 나아가는 시점이 되면, 사건은 이미 과거의 이야기가 된다. 즉, 사건의 사실관계는 이미 확정된 과거의 이야기가 되어 있고, 변호사는 그러한 사실관계를 글 또는 말로 풀어내 법적 절차를 진행하는 것이다.

과거의 흔적만을 보고 사실관계를 재구성하는 것은 쉽지 않은 일이다. 이것은 마치 사건 현장에 남겨진 파편적인 증거만을 보고 범인을 잡아내는 것과 같다. 절도 피해를 당한 물품이 무엇인지 파악하고, 지문과 발자국을 채취하여 수만 명의 사람과 대조해 봐야 하고, 범인이 창문을 깨고 들어온 것인지, 아니면 문으로 들어왔다가 창문으로 나간 것인지도 알아봐야 한다. 또한 그 지역에서 벌어진 절도 사건 중 동일한 수법으로 벌어진 사건이 있었는지 찾아보아야 하고, 사건 현장 근처 CCTV를 전부 확보하여 며칠 치를 전부 다 검토해 보아야 한다. 이처럼 몇 개의 증거만을 가지고 과거의 사실을 명확하게 밝혀내기란 여간 어려운 것이 아니다.

그런데, 만약 누군가 절도 장면을 직접 본 사람이 있다면 어떨까? 사건을 직접 본 사람은 증거를 볼 필요 없이 사건의 내용을 처음부터 끝까지 이야기할 수 있다. 그 내용을 바탕으로 현재 확보된 증거가 어떠한 사실에 대한 증거인지 파악할 수 있을 뿐만 아니라, 현재 찾지 못한 증거가 무엇이 있는지, 어디에 있을 것인지까지도 예측해 낼 수 있다. 이처럼 목격자 한 사람만 확보해도 정말 많은 수고를 덜 수 있고, 한 사람이 이것저것 조사해 본 내용보다 훨씬 더 정확하고 자세히 범행 내용을 밝혀낼 수 있다.

법적 절차에 있어서 변호사는 사건의 조사자, 의뢰인은 사건의 당사자 혹은 목격자와 같다. 변호사가 사건을 가장 빠르고 정확하게 파악하는 방법은 당연히 사건을 직접 몸소 체험한 의뢰인에게 물어보는 방법이다. 이것에 대해서는 이견이 있을 수 없다. 문제는 상담 시 의뢰인으로부터 받은 한정적인 정보만 가지고, 이후에 의뢰인과의 소통 없이 사건을 진행하는 변호사가 꽤 많다는 것이다. 그러한 변호사는 왜 의뢰인에게 연락하여 사건에 관해 이야기를 나누지 않을까?

여러 가지 이유가 있겠지만 대부분 이유는 이렇다. 보통 의뢰인은 사건에 대해 억울하고 분한 마음이 가득하다 보니, 변호사에게 한 번 이야기를 시작하면 마치 변호사가 상대방인 것처럼 공격적으로 이야기를 하는 경우가 꽤 많다. 변호사를 탓하는 것이 전혀 아닌데도 마치 변호사에게 불만을 항의하는 것처럼 이야기하거나, 자신의 신세를 한탄하면서 변호사에게 짜증을 내는 것처럼 이야기하는 것이다. 변호사는 종종 이러한 의뢰인의 태도를 이해하지 못하고 의뢰인과 말싸움을 벌이기도 한다. 또한 어떤 의뢰인은 사건의 경위를 설명하는 과정에서 그 사건과 관련 없는 다른 이야기를 하는 경우도 많은데, 변호사가 다른 사람의 이야기를 잘 들어 주는 성향이 아닌 경우, 이러한 의뢰인의 긴 이야기를 듣는 것을 힘들어하기도 한다. 또한, 의뢰인의 경우 소송에서 어떠한 것이 허용되는지, 어떠한 것이 허용되지 않는지에 대한 지식이 거의 없기 때문에, 변호사에게 무리한 것들을 요청하기도 한다. 예를 들어 변론기일에 판사님께 의뢰인 자신의 주장을 웅변조로 큰 소리로 말해 달라고 한다든지, 법정에서 상대방이 보는 앞에서 대놓고 비난해 달라고 한다든지, 아니면 국립과학수사연구소에 의뢰하여 상대방 준비서면이 거짓말인지 진실인지 감정해 달라고 하는 등이다. 이러한 무리한 요청들은 단지 의뢰인이 소송에 대한 경험이 부족하기 때문인 경우가 대부분인데, 이를 이해하지 못하는 변호사는 의뢰인이 자신에게 갑질을 한다고 느끼게 된다(안 된다는 것을 잘 알면서도 선임료를 냈으니까 내가 시키는 것을 하라는 의미라고 느끼는 것이다). 이런 일이 반복되면 변호사는 의뢰인과 연락하며 이야기하는 것을 꺼리게 되고, 상담 시 의뢰인이 이야기해 준 내용과 자료만을 바탕으로 의뢰인과의 소통 없이 혼자 소송을 진행해 버리게 되는 것이다.

그런데 의뢰인도 사람인지라 변호사에게 이야기하지 못한 사실이 존재할 수 있다. 또한 잘못 이야기를 한 사실도 있을 수 있고, 미처 전달하지 못한 자료가 있을 수도 있다. 이러한 사실과 자료가 소송에 반영되지 못한다면, 이길 확률은 당연히 떨어질 수밖에 없을 것이다.

한편, 변호사와의 소통이라는 것은 단지 변호사가 의뢰인의 말을 듣기만 하는 것이 아니다. 많은 의뢰인은 자신도 모르게 사건을 자신에게 유리한 내용 위주로 이야기하는 경향이 있고, 자신에게 불리한 사실관계도 마치 자신이 유리한 것처럼 포장해서 이야기하는 경우가 많다. 또한 의뢰인이 별로 중요하게 생각하지 않는 사실관계 또는 자료가 법률적으로는 매우 중요한 의미를 가지는 경우도 있다. 소송의 승패는 의뢰인에게 불리한 부분을 어떻게 극복하는지, 의뢰인이 깨닫지 못한 유리한 정황이나 자료를 얼마나 발견하는지에 따라 결정되는 경우가 많으므로, 변호사는 의뢰인이 하는 말을 건성으로 들어서는 안 된다. 변호사가 의뢰인의 이야기를 듣기는 하지만 주의를 기울이지 않는다든가, 이미 스스로 결론을 내리고 자신이 듣고 싶은 이야기 위주로 듣는다거나, 의뢰인의 말이 조금 길어지려고 하면 불쑥 끼어들어 자신의 이야기를 한참 동안 한다면, 변호사와 의뢰인의 대화는 별다른 의미를 갖기 어려울 것이다.

A는 설계업자로서, B가 요구하는 설계도를 여러 차례 만들어 납품하고, 용역 대금을 받아왔다. 그러던 중 한 개의 설계 용역 계약과 관련하여, B는 A에게 해당 용역 대금을 바로 지급하지 못하고, 1년 후 지급할 것을 약속한다는 내용의 확인서를 작성해 주었다. 그러나 확인서의 지급기일이 한참 지났음에도 B는 A에게 용역 대금을 지급하지 않았고, 그렇게 약 7년이라는 시간이 흘렀다. 결국 A는 B에게 확인서의 돈을 지급하라는 소송을 제기하기에 이르렀다. 그런데, 상인 간의 거래에 대한 채권의 소멸시효는 5년으로서, 확인서 작성일로부터 7년, 확인서의 변제기로부터 6년이 지난 이 소송은 채권의 소멸시효가 지난 시점에 제기된 것으로서 B가 승소할 확률이 꽤 높은 소송이었다.

A는 필자와의 상담 중 B와 체결한 여러 건의 용역 계약에 대해 이야기하면서, B는 꼭 돈을 한 번에 주지 않고 찔끔찔끔 자기 마음대로 준다고 이야기하였다. 필자는 A에게 각 용역계약의 내용과 돈 받은 내역을 전부 정리해 달라고 요청하였다. 필자는 용역계약 내용과 돈 받은 내역을 비교해 보던 중, A가 B로부터 상담 시점으로부터 약 3년 전에 500만 원이라는 돈을 지급 받은 내역을 발견하였고, A에게 이 돈은 어떤 계약에 관한 것인지 물어보았다. A는 한참을 들여다보더니 "이

돈은, 내가 B에게 전화로 '돈을 계속 주지 않으면 소송해서 당신 건물을 경매에 부쳐 버리겠다.'라고 이야기했더니 갑자기 뜬금없이 보내온 돈"이라고 이야기하였다. 만약 이 500만 원이 이 사건 확인서에 대한 변제금이라고 한다면, 소멸시효는 그때 중단되는 것이기 때문에[9] 이 소송은 오히려 A가 승소할 가능성이 매우 커지는 상황이었다. 그러나 아쉽게도 그러한 통화 내용을 증명할 수 있는 증거는 없었다. 또한 A의 말에 따르면, 이 500만 원을 지급 받는 시점에 B가 지급하지 않은 다른 용역 대금도 남아 있었기 때문에, 사실 이 500만 원이 이 확인서상의 돈 일부를 갚은 것인지, 다른 용역 대금을 지급한 것인지 모호하다고 하였다. 그러나 이러한 애매한 사정에도 불구하고 A가 이기는 길은 이것뿐이었기에, 필자는 '이 500만 원은 B가 A에게 이 사건 확인서의 돈을 갚은 것'이라고 주장하였다.

이와 같은 주장을 받은 B는, A가 자신에게 '돈을 갚지 않으면 내 건물을 경매에 부쳐 버리겠다.'라는 이야기를 한 사실이 없고, 500만 원도 이 사건 확인서에 대한 것이 아니라 남아 있던 다른 용역 대금에 관한 것이라고 반박했다. 필자는 A에게, 상대방이 말하는 용역계약이 무엇인지 파악하기 위해, A와 B가 체결했던 모든 계약서를 건네 달라고 요청하였고, 그 계약서들과 함께 A가 돈을 지급 받은 내역을 검토해 보았다. 그러던 중, B가 A에게 500만 원을 지급할 당시, B가 말하는 다른 용역계약에 대한 미납대금은 450만 원이 남아 있는 상태였음을 알게 되었다. 즉,

---

9) 채무자가 어떠한 채무를 인정하면, 소멸시효는 그때 중단되고, 그때부터 다시 소멸시효가 시작된다(민법 제168조 제3호, 제178조 제1항). 예를 들어, 어떠한 채권의 소멸시효가 5년인데 약 3년이 지난 시점에 채무자가 채권자에게 '나 너에게 줄 돈 있는 거 알고 있어. 내가 꼭 갚을게.'라는 메시지를 보냈다면, 5년의 소멸시효는 그때부터 다시 시작되는 것이다. 이것을 채무의 승인이라고 하는데, 채무를 일부 변제하는 것도 승인으로 인정된다. 즉, 이 사건에서 소멸시효가 완성되기 전인 약 3년 전에, B가 확인서상의 돈을 일부 갚기 위해 500만 원을 지급한 것으로 인정된다면, 이 사건 확인서상의 채무에 대한 소멸시효는 그때부터 다시 시작된 것으로서, 소송이 제기된 시점에는 소멸시효가 아직 완성되기 전이므로 A의 승소 가능성이 매우 커지는 것이다.

B의 주장이 사실이라고 하더라도, B는 A에게 지급할 돈이 450만 원 남아 있던 용역계약에 대해 500만 원을 보냈던 것이고, 그로부터 3년이 지난 지금까지 B는 단 한 번도 A에게 초과 지급한 위 50만 원을 반환해달라고 요청하지 않았던 것이었다. 결국 B의 주장이 사실이라고 하더라도, B가 A로부터 50만 원을 돌려받을 생각을 전혀 하지 않았다는 상식적으로 납득하기 어려운 일이었다.

필자는 판사에게, ① B가 3년 전에 보낸 500만 원은 450만 원 남은 용역계약에 관한 것이 아니라, A가 B에게 '이 사건 확인서에 대한 돈을 지급하지 않으면 건물을 경매에 부쳐 버리겠다.'라고 말하여 B가 다급하게 보낸 돈이라고 보아야 한다는 점, ② B의 주장대로, B가 A에게 보낸 500만 원이 다른 용역 계약 대금이라고 보더라도, B가 초과 지급한 50만 원을 A에게 돌려 달라고 하지 않았던 이유는 B는 A에게 이 사건 확인서에 대한 미지급 채무가 남아 있었기 때문이라고 보아야 한다는 점을 주장하였고, 이 50만 원은 이 사건 확인서에 대한 일부 변제로서 그때부터 소멸시효가 새롭게 진행되어야 한다고 주장하였다.

법원은 필자의 주장을 받아들여 B가 A에게 500만 원을 보낸 것은 450만 원 남은 용역 계약대금에 대한 변제가 아니라 이 사건 확인서에 대한 변제라고 결론을 내렸고, 이로 인해 이 사건 확인서에 대한 채권은, B가 A에게 500만 원을 지급한 시점에 소멸시효가 중단되어, 아직 유효하다고 판단하였다(A 승소).

오로지 법령과 법리에 관한 변호사의 연구를 통해 승소하는 사건들도 더러 있지만, 대부분의 경우 사건을 뒤집는 단서는 의뢰인의 '잊고 있었던 기억'에서 발견되는 경우가 많다. 의뢰인의 기억은 변호사와의 대화를 통해 기억 저편에서 살아 있는 기억으로 되살아난다. 결국 의뢰인과 소통을 활발히 하는 변호사가 사건에서 이길 확률이 높다는 사실은 너무도 당연한 이치다.

변호사의 소통은 단순히 의뢰인에게 심리적인 만족감을 주는 것에 그치지 않는다. 의뢰인과의 소통은 변호사가 사건을 이길 수 있는 무기들을 끊임없이 공급받는 것과 같다. 사건이 복잡하고, 쟁점이 많은 사건일수록 의뢰인과 소통을 활발히 하는 변호사가 사건을 승리로 이끌 가능성이 크다. 독불장군 같은 변호사는 의뢰인에게 심리적인 상처를 줄 뿐 아니라 사건에서도 좋지 않은 결과를 만들어 낼 가능성이 크다는 사실을 명심하기를 바란다.

4) 변호사의 명성이나 규모는 중요하지 않다

흔히 말하는 대형 로펌에는 수백 명의 변호사가 근무한다. 그에 반해 소형 로펌이나 개인 변호사 사무실은 고작 몇 명 또는 한 명의 변호사만 근무한다. 변호사 선임이 처음인 의뢰인들은 이러한 사무실 규모에 끌리는 경우가 많다. 아무래도 어떠한 로펌에 근무하는 변호사가 많다 보면, 그 많은 변호사가 전부 자신의 사건을 처리해 줄 것으로 생각하기 때문이다. 그러나 앞서 설명한 바와 같이, 대형로펌이든 중소형로펌이든 내 사건을 처리하는 변호사는 1명 또는 2명인 경우가 대부분이고, 여러 명이 함께 사건을 처리하는 경우는 많지 않다. 또한 인터넷 광고, 유튜브 영상 등을 열심히 보고 어떠한 변호사를 찾아가 상담을 받았다고 하더라도, 내가 상담한 그 변호사가 내 사건을 처리하는 변호사가 아니라면, 의뢰인으로서는 그 변호사의 로펌을 찾아간 이유가 무색해질 것이다. 지금도 수많은 의뢰인이 로펌 대표와의 상담을 통해 사건을 로펌에 맡기고서, 한참 지난 후 내 사건을 실제로 처리하는 변호사가 내가 상담한 변호사가 아니라는 사실을 알고 실망감에 빠진다.

결국, 중요한 것은 사무실의 규모나 로펌의 이름, 변호사의 이름과 같은 것이 아니라, '내 사건을 실제로 처리하는 변호사가 누구냐.' 하는 것이다. 내가 선임한 로펌이 전국적으로 유명한 대형로펌이라고 할지라도 정작 내 사건을 처리하는 변호사가 불성실한 사람이라면 내 사건은 엉망으로 처리될 가능성이 매우 크다. 반면, 크게 이름이 알려지지 않은 로펌이라도, 사건을 담당한 변호사의 인성과 성품이 훌륭하다면, 사건의 결과뿐만 아니라 의뢰인의 만족도도 매우 높을 가능성이 크다.

따라서 내가 선임을 고민하는 로펌이 있다면, 그 로펌의 명성이나 규모보다는, 내 사건을 처리하는 변호사가 누구인지, 어떠한 시스템에 따라 어떠한 과정을 거쳐 사건을 진행하는지를 주의 깊게 살펴보는 것이 중요하다.

5) 많은 상담을 통해 사건을 처리할 변호사가 누구인지, 처리 방식은 어떠한지, 필요할 때 변호사와 어떠한 방법으로 소통할 수 있는지 구체적으로 확인해야 한다

앞에서 이야기했다시피, 좋은 변호사를 선임하는 방법은 많은 상담밖에 없다. 변호사를 선임하시기 전에 반드시 상담을 많이 받아 보고, 상담 과정에서 이 사건은 누가 처리하게 될 것인지, 사건 처리 방식은 어떠한지, 필요할 때 변호사와 소통할 수 있는지, 전화, 문자, 이메일 중 어떤 것으로 할 수 있는지 구체적으로 물어보자. 이것 이상으로 현실적인고 효과적인 방법은 세상에 존재하지 않는다.

  그러나 변호사를 선임한 경험이 전혀 없는 의뢰인이라면, 상담 과정에서 이와 같은 부분을 구체적으로 물어보는 것이 쉽지 않을 수 있다. 또한, 상담 과정에서 매우 구체적인 질문을 하는 의뢰인에게 핀잔을 주거나, 경우 없는 사람 취급을 하며 의뢰인을 무시하는 태도를 보이는 변호사도 더러 존재한다. 상담을 받으러 간 의뢰인의 경우, 변호사로부터 이러한 취급을 당하면 심리적으로 매우 위축되기 마련이다.

  이런 분들에게 필자가 꼭 이야기하고 싶은 부분이 있다. '앞으로 사건이 진행되면, 지금보다 몇 배는 더 큰 마음고생을 겪게 될 것'이라는 점이다. 변호사를 대충 선임했다가 돈도 몇백, 몇천만 원 날리고, 사건이 어떻게 처리되고 있는지 전혀 모를 수도 있다. 소송 중에 내가 하고 싶은 이야기를 제대로 하지 못할 수도 있고, 내가 제출하고 싶은 증거를 제출하지 못할 수도 있다. 경우에 따라 변호사에게 귀찮고 성가신 사람 취급을 받을 수도 있다. 이미 사건 자체만으로도 많은 스트레스를 받고 있는 의뢰인이, 내가 선임한 변호사로부터도 상처를 받는다는 것은 정말 가혹한 일이다. 이러한 점을 생각해 본다면, 변호사를 선임하기 위한 상담 과정에서 겪게 되는 약간의 어려움은 그리 큰 마음고생이라고 보기 어려운 것이다.

  따라서 변호사 선임 전, 비용을 지불하더라도 반드시 상담을 여러 번 받아 보길 다시 한번 강조한다. 의뢰인들의 경우 변호사 선임하는 데 몇백만 원은 쉽게 쓰면서, 상담 과정에서 지출하는 몇십만 원은 굉장히 아까워하는 분들이 많다. 부디 그러한 마음은 과감히 던져 버리길 강력히 권고하는 바이다. 상담 과정에서 사건 처리 방법과 절차는 어떻게 되는지, 내 사건을 처리할 변호사는 누구인지, 자료는 어떻게 전달하고 준비서면은 어떤 방법으로 작성하게 되는지, 변호사와 어떻게 연락할 수 있는지 반드시 구체적으로 물어보자. 그 과정에서 변호사가 짜증을 내거나 화를 낸다면, 그러한 변호사는 선임을 포기하는 게 현명한 선택이다. 여러 번의 상담을 통해 긴 시간 동안 나와 함께 소통하며 사건을 진행할 수 있을 만한 변호사를 찾아야만 한다.

여기까지가 어떠한 변호사를 선임할 것인가에 대한 필자의 의견이다. 사건의 주인공은 의뢰인이지 변호사가 아니다. 선택에 대한 책임은 오로지 의뢰인의 몫이다. 부디 변호사를 선택하는 데 도움이 되길 진심으로 바란다.

〈Check Point〉

1. 좋은 변호사를 고르기 위한 단 한 가지 방법은 많은 상담이다. 당사자는 많은 상담을 통해 예상되는 대강의 결과와, 사건의 핵심 쟁점을 파악할 수 있다.
2. 전관변호사는 뛰어난 법학 실력과 관련 실무 경험이라는 장점이 있다. 그러나 대체로 선임료가 비싸고, 한 가지 분야에 대한 오랜 경력으로 인해 다른 분야에 대해 약점을 보일 가능성이 있다.
3. 변호사로서의 역량이나 실력 등은 합격한 시험의 종류와 아무런 관련이 없다.
4. 로펌에서 하나의 사건을 처리하는 변호사는 1명 또는 2명인 경우가 대부분이므로, 의뢰인에게는 그 로펌의 종류나 규모보다, 사건 담당변호사가 어떤 사람인지가 훨씬 더 중요하다.
5. 지인으로부터 변호사를 소개받는 경우, '지인의 정'에 이끌려 무턱대고 선임하기보다는 그 변호사의 업무 역량을 검증하는 것이 좋다.
6. 인터넷 광고는 변호사의 실력이나 역량을 증명해 주지 못하므로, 의뢰인은 광고의 내용을 이성적인 관점으로 분석하는 것이 필요하다.
7. 유튜브에 나오는 변호사의 모습은 실제 모습과 다를 수 있다는 점을 염두에 두어야 한다. 또한, 그 변호사가 사건을 직접 처리하는지, 그렇지 않다면 어떠한 방식으로 사건이 처리되는지 알아보는 것이 필요하다.
8. 변호사 서비스의 만족도는 선임료 액수와 무관하다.
9. 전문변호사는 그 단어만으로 변호사의 실력을 보장하지 않는다. 전문분야를 등록한 변호사라도 각자의 경력과 실력은 천차만별이다.
10. 승소와 패소는 주관적인 개념에 불과하므로, '승소율' 역시 별다른 의미를 부여하기 어렵다.
11. 변호사의 나이, 근무 지역 등은 변호사의 좋고 나쁨과 무관하다.
12. 변호사의 만족도에 가장 영향을 미치는 요소는 의뢰인과 변호사의 소통 정도, 변호사의 인성과 태도이다. 많은 상담을 통해 이러한 점을 반드시 파악해야 한다.

가.
변호사 선임료 - 착수금과 성공보수

1) 착수금과 성공보수는 정하기 나름이다

변호사 선임료는 어떻게 결정되는지 궁금해하는 사람들이 많다. 결론적으로 얘기하면 변호사 선임료는 그 변호사가 정하는 가격일 뿐이다. 변호사는 각기 다른 생각과 기준을 가지고 가격을 정한다. '변호사 보수의 소송비용 산입에 관한 규칙'[10]에 따라 계산한 변호사 선임료를 적정 가격이라고 생각하는 변호사도 많이 있지만, 위 규칙과 상관 없이 선임료를 제시하는 변호사도 많다. 변호사가 자신의 능력을 과대평가한다면 그 변호사는 선임료를 비싸게 제시할 수 있지만, 학벌도 뛰어나고 경력이 화려함에도 저렴한 선임료를 제시하는 변호사도 많다.

이처럼 변호사 선임료는 변호사마다 천차만별이다 보니, 변호사가 제시하는 변호사 선임료의 액수만 가지고는 그 변호사가 능력 있는 변호사

---

10) 민사소송의 판결문에 따라 소송의 당사자들이 서로에게 물어줘야 하는 변호사비용의 상한선을 정하고 있는 대법원 규칙을 말한다.

인지 아닌지, 잘나가는 변호사인지 아닌지 전혀 판단할 수 없다. 저렴하지만 대단히 능력 있는 변호사도 많고, 으리으리한 사무실에서 비싼 선임료를 제시하는지만 실상 서비스가 형편없는 변호사도 있다. 앞에서도 이야기하였지만, 선임료의 크고 작음은 서비스의 질과 무관하다는 점을 꼭 염두에 두어야 한다.

다음으로 착수금과 성공보수에 관해 설명한다. 착수금은 변호사를 처음 선임할 때 지불해야 하는 돈이고, 성공보수는 소송에서 승소했을 때 지불하는 돈이다.

〈일반적인 착수금·성공보수 지급 시기〉

소송의 경우 착수금과 성공보수 모두 기본적으로 각 심급별로 따로따로 지불해야 하는 돈이라는 것이 변호사의 일반적인 인식이다. 예를 들어 A라는 의뢰인이 1심에 변호사를 선임하고 착수금을 지불했다고 가정하자. 1심에서 열심히 싸웠으나 패소하여 같은 변호사에게 항소심을 다시 맡긴다고 하더라도, A는 항소심에서 그 변호사에게 착수금을 다시 지불해야 해야 하는 것이 원칙이다. 패소한 경우에도 매 심급마다 착수금을 지불해야 한다는 것이 의뢰인의 관점에서 약간 불합리하게 다가올 수도 있다. 그러나 변호사의 경우 1심 소송이 2달 만에 끝나든 3년 만에 끝나든 일단 1심에서 받은 착수금을 가지고 그 심급이 끝날 때까지 소송을 수행해야 한다는 점을 생각해 보면, 착수금이 합리적인가 그렇지 않은가는 일률적으로 판단하기는 어려운 부분이다. 물론 변호사와 논의하여 금액 또는 지급 시기를 논의할 수 있다.

보통 착수금은 정액으로, 성공보수는 승소한 금액에 대한 일정 비율로 정하는 경우가 많다. 비용을 지불하는 방법과 액수는 기본적으로 의뢰인과 변호사가 그 사건에 대해 계약한 내용에 따라 정해진다. 즉, 의뢰인이 변호사와 협상하여 성공보수를 주지 않기로 약정한다면 성공보수는 주지 않아도 되는 것이다.

변호사마다 차이가 있는 부분도 있다. 기본적으로는 앞에서 설명한 바와 같이 심급별로 변호사 선임료를 별도로 지불하는 것이 일반적이지만, 그 단계를 세부적으로 나누어 각각의 단계에서 변호사 선임료를 받는 변호사도 있다. 예를 들어 민사소송의 경우 본안소송 전 가압류와 가처분 등이 필요한 경우가 있는데, 이것을 본안소송과 구별하여 선임료를 따로 받는 변호사도 있고, 본안소송과 함께 선임료를 받는 변호사도 있는 것이다.

형사사건의 경우 소송 전 수사가 진행되는데, 이는 아래 그림과 같이 경찰 수사단계와 검찰 수사 단계로 나누어진다. 경찰 수사단계에서 불송치 결정이 내려지면 검찰 송치를 위한 이의신청이 필요하다. 검찰에서 불기소처분이 내려지면 불복 수단인 항고가 필요하고, 항고 기각 결정이 내려지면 불복 수단인 재정신청 또는 재항고가 필요하다. 어떤 변호사는 위와 같은 수사단계를 하나로 묶어 변호사 선임료를 받기도 하지만, 어떤 변호사는 각 수사단계, 각 불복 수단 진행 시 개별적으로 변호사 선임료를 받기도 한다.

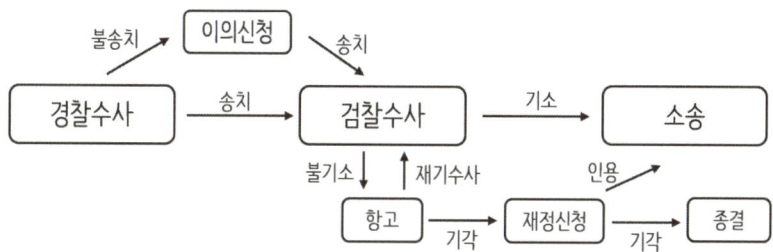

〈형사사건의 절차 흐름도〉

이처럼 변호사 선임료는 큰 틀에서는 같지만, 세부적으로 들어가 보면 로펌마다, 변호사마다 다를 수 있으므로, 의뢰인은 변호사와 상담하는 과정에서 이러한 부분을 꼼꼼히 따져 볼 필요가 있다.

2) 형사사건의 성공보수는 무효이다

형사사건에 관한 성공보수는 무효이다. 이는 2015. 7. 23. 선고된 대법원 2015다200111 전원합의체 판결로서 확정된 사실이다. 이 대법원 판결의 요지는 다음과 같다.

형사사건에 관하여 체결된 성공보수약정이 가져오는 여러 가지 사회적 폐단과 부작용 등을 고려하면, 구속영장청구 기각, 보석 석방, 집행유예나 무죄 판결 등과 같이 의뢰인에게 유리한 결과를 얻어 내기 위한 변호사의 변론 활동이나 직무 수행 그 자체는 정당하다 하더라도, 형사사건에서의 성공보수약정은 수사·재판의 결과를 금전적인 대가와 결부시킴으로써, 기본적 인권의 옹호와 사회 정의의 실현을 사명으로 하는 변호사 직무의 공공성을 저해하고, 의뢰인과 일반 국민의 사법 제도에 대한 신뢰를 현저히 떨어뜨릴 위험이 있으므로, 선량한 풍속 기타 사회 질서에 위배되는 것으로 평가할 수 있다.

다만 선량한 풍속 기타 사회 질서는 부단히 변천하는 가치 관념으로서 어느 법률행위가 이에 위반되어 민법 제103조에 의하여 무효인지는 법률행위가 이루어진 때를 기준으로 판단하여야 하고, 또한 그 법률행위가 유효로 인정될 경우의 부작용, 거래 자유의 보장 및 규제의 필요성, 사회적 비난의 정도, 당사자 사이의 이익 균형 등 제반 사정을 종합적으로 고려하여 사회 통념에 따라 합리적으로 판단하여야 한다.

그런데 그동안 대법원은 수임한 사건의 종류나 특성에 관한 구별 없이 성공보수약정이 원칙적으로 유효하다는 입장을 취해 왔고, 대한변호사협회도 1983년에 제정한 '변호사 보수 기준에 관한 규칙'에서 형사사건의 수임료를 착수금과 성공보수금으로 나누어 규정하였으며, 위 규칙이 폐지된 후에 권고양식으로 만들어 제공한 형사사건의 수임약정서에도 성과보수에 관한 규정을 마련하여 놓고 있었다. 이에 따라 변호사나 의뢰인은 형사사건에서의 성공보수약정이 안고 있는 문제점 내지 그 문제점이 약정의 효력에 미칠 수 있는 영향을 제대로 인식하지 못한 것이 현실이고, 그 결과 당사자 사이에 당연히 지급되어야 할 정상적인 보수까지도 성공보수의 방식으로 약정하는 경우가 많았던 것으로 보인다.

이러한 사정들을 종합하여 보면, 종래 이루어진 보수약정의 경우에는 보수약정이 성공보수라는 명목으로 되어 있다는 이유만으로 민법 제103조에 의하여 무효라고 단정하기는 어렵다. 그러나 대법원이 이 판결을 통하여 형사사건에 관한 성공보수약정이 선량한 풍속 기타 사회 질서에 위배되는 것으로 평가할 수 있음을 명확히 밝혔음에도 불구하고 향후에도 성공보수약정이 체결된다면 이는 민법 제103조에 의하여 무효로 보아야 한다.

형사사건에서 성공보수를 인정해야 하는가에 관해서는 토론할 거리가 너무 많으므로 생략하겠다. 필자는 형사사건 성공보수의 필요성은 인정하는 태도지만, 그것을 무효라고 보든 유효라고 보든 상관없다는 입장이다. 다만, 대법원 판결에 따라 형사사건에서 성공보수는 무효임에도 불구하고, 여전히 많은 변호사가 형사사건에 대해 의뢰인과 계약을 체결하면서 성공보수 약정을 하는 것이 현실이다. 필자는 변호사가 최선을 다해 의뢰인의 무죄 또는 불기소처분을 이끌어 냈다면, 의뢰인이 고마움의 표시로 약간의 보수를 더 지급할 수 있다고 생각한다. 그러나 문제는, 대법원에 의해 형사사건의 성공보수는 현재 무효인 상태임에도 불구하고, 그러한 이야기를 의뢰인에게 전혀 하지 않거나, 또는 그것이 허용되는 것처럼 의뢰인을 속이는 일부 변호사의 행태이다. 형사사건 성공보수의 타당성 여부를 떠나, 이와 같은 행위는 서로 가장 솔직해야 할 변호사와 의뢰인 간의 신뢰를 깨뜨리는 행위이기 때문에 잘못되었다는 것이 필자의 개인적인 생각이다. 다만 의뢰인이 형사사건 성공보수가 무효임을 안 상태에서 형사사건 성공보수 약정을 체결하였다면, 의뢰인 역시 자신이 한 약속은 지키는 것이 바람직하다고 생각한다.

다만 피의자나 피고인이 변호사와 성공보수 약정을 하였다고 하더라도 성공보수 약정은 원칙적으로 무효이기 때문에, 나중에 무죄 또는 불기소처분이 나오더라도 변호사에게 성공보수를 주지 않아도 무방하다(변호사가 그 의뢰인에게 성공보수에 대한 민사소송을 제기하더라도 받을 수 없고, 사기죄로 형사고소를 한다고 하더라도 성립될 가능성은 매우 적다). 그러나 위와 같이 성공보수 약정이 무효이더라도 일단 변호사에게 성공보수를 지급하면 돌려받기가 매우 곤란해진다. 이와 관련하여 다음의 사례를 소개한다.

A는 몇 년 전 형사사건 참고인 신분으로 조사를 받았다. 그 사건은 A의 거래처 대표 B가 주범으로 연루된 사건이었는데, A와 B가 사업적으로 서로 약간의 도움을 주고받는 관계였기 때문에 A도 조사받게 된 것이었다. 당시 A는 이곳저곳을 수소문하여 로펌 C를 찾아갔다. A는 그곳에서 사무장과 상담하게 되었는데, 사무장은 A에게 지금까지 한 사업의 총매출이 얼마인지 물었고, 그 액수만큼 추징금이 나올 수 있다고 이야기하였다. 그러나 사실 A의 사업은 B의 사업과 일부분만이 얽혀 있을 뿐이었기 때문에, A가 그때까지 올린 사업 소득 전부가 추징될 가능성은 높지 않았다. 그럼에도 불구하고 사무장은 A에게 거액의 추징금이 나올 수 있는 것처럼 이야기하여 겁을 먹도록 한 뒤, 거액의 선임료를 이야기하면서 변호인 선임계약서를 제시하였던 것이었다. 그런데 그 계약서는 통상의 계약서와는 조금 다른 면이 있었다. 변호사 선임료 중 착수금은 정액으로 약정하는 것이 일반적이었지만, C로펌에서 제시한 선임계약서에는 그것이 비율로 기재되어 있었던 것이다. 예를 들어 총선임료가 6천만 원이라면 그중 1/6은 착수금으로, 5/6는 '추징금 선고의 유무에 따라 지급하는 착수금의 잔금'으로 기재되어 있었다. 또한 지급 방법도 특이했는데, A가 일단 6천만 원 전부를 로펌에 미리 지급하고, 만약 사건이 실패하여 사무장이 이야기한 추징금이 전액 선고된다면 로펌에서 6천만 원의 5/6를 의뢰인에게 반환하는 것으로, 만약 추징금이 전혀 선고되지 않으면 로펌은 6천만 원을 전부 갖는 것으로 기재되어 있었다. 당시 A는 변호사 선임 자체가 인생에서 처음 있는 일이었고, 형사사건 자체가 너무 무서운 상태였기 때문에 제대로 된 판단을 내리지 못한 채 사무장의 제안을 승낙했다. 잠시 뒤 변호사가 회의실에 들어와 A와 잠시 이야기를 나누고 돌아갔고, 이후 의뢰인은 사무장의 안내에 따라 선임료를 전액 지급했다.

이후 A는 그 로펌의 소속 변호사와 함께 경찰서에 출석하여 한 차례 조사를 받았는데, 조사 전후를 제외하고 로펌에서는 A에게 별다른 연락을 하지 않았다. 그렇게 한참이 지난 후, A는 주범인 B의 사건이 이미 항소심까지 진행되어 확정된 상태라는 사실을 주변으로부터 들어 알게 되었다. A는 C로펌에 거액의 선임료를 지급하였음에도 관련 사건의 진행 상황조차 알려주지 않는다는 사실이 불쾌했고, 자신이 지불한 비용에 비해 서비스가 너무 부실하다고 느꼈다. 이에 A는 고민 끝에 C로펌에 변호인 해임 통지를 발송했다.

그로부터 1년 후, A는 추징금 선고 없이 벌금형으로 약식기소가 되었다. 징역형은커녕 벌금형의 약식기소라는 경미한 결과를 받은 A는, 이 사건이 과연 C로펌의 말대로 징역형 또는 거액의 추징금을 걱정해야만 하는 사건이었는지 의심하기 시작했고, 곧 자신이 지불한 수임료는 지나치게 과도한 액수라는 것을 깨닫게 되었다. 이에 A는 C로펌으로부터 수임료 일부를 돌려받을 수 있을지 고민하던 중, 형사 성공보수가 무효라는 사정을 알게 되어, 이를 반환받기 위해 필자를 찾아왔다.

필자는 소송에서 이 사건 선임계약 중 '착수금의 잔금'은 명칭만 착수금의 잔금일 뿐, '추징금 선고 여부'에 따라 반환 여부가 결정되는 돈으로서 성공보수라고 보아야 하고, 이는 대법원 2015다200111 판결에 따라 무효이기 때문에 A에게 반환되어야 한다고 주장하였다. 이에 대해 C로펌은, 대법원 판례는 현실과 동떨어진 판결임을 강조하였고, 그와 더불어 만약 '착수금의 잔금'이 성공보수라면 이는 대법원 판례에 따라 민법 제103조 무효가 되는데, 그렇다면 이는 민법 제746조의 불법원인급여에 해당하기 때문에 반환하지 않아도 된다는 논리를 전개하였다(불법원인급여에 대해서는 뒤에서 자세히 설명한다).

이에 대해 필자는 A가 C로펌에 지급한 '착수금의 잔금'을 불법원인급여라고 보더라도, 이 사건 선임계약서의 문구, 돈을 지급 받은 방법, 반환의 기준 등을 살펴보면, 이는 C로펌이 형사 성공보수라는 사정을 잘 알고, 이를 모르는 의뢰인 A를 이용하여 계약을 체결한 것으로써, 대법원의 '불법성비교론'(불법성비교론에 대해서도 뒤에 자세히 설명한다)상 C로펌의 불법성이 A에 비해 현저히 크므로, C로펌은 A에게 '착수금의 잔금'을 반환하여야 한다고 주장하였다. 몇 차례의 변론 끝에, 법원은 A의 의견을 받아들여 C로펌으로 하여금 A에게 '착수금의 잔금' 명목으로 받아 간 돈을 반환하라는 판결을 선고하였다.

여기서 눈여겨보아야 할 부분은 바로 불법원인급여이다. 불법원인급여란 쉽게 말해 반사회적인 이유로 지급한 돈이나 물건은 반환을 청구할 수 없다는 민법 규정을 말한다(민법 제746조[11]). 예를 들어 A가 B에게 도박자금을 빌려준 경우, 도박은 반사회적인 행위로서, 도박자금을 대여한 것은 반사회적인 행위를 조장한 것이므로, A는 B에게 도박자금을 돌려달라고 할 수 없다는 것이다.

대법원이 형사사건 성공보수를 무효라고 판단한 이유는 형사사건 성공보수 약정이 반사회적인 약정이라고 보았기 때문이다. 이러한 대법원의 논리에 따르면, 의뢰인과 로펌이 모두 형사사건 성공보수가 무효라는 사정을 잘 알면서 형사사건에 대해 성공보수 약정을 했고 그에 따라 성공보수를 지급하였다면, 의뢰인의 성공보수 지급은 불법원인급여이므로 그에 대한 반환청구는 기각될 수 있다는 결론에 이르게 된다(도박자금을 대여한 것과 같다고 보는 것이다). 실제 사건에서도 불법원인급여를 이유로 의뢰인의 형사사건 성공보수 반환청구가 기각되는 경우가 있다.

이와 관련하여 '불법성 비교론'이라는 것이 존재한다. 불법원인급여에 대한 민법 제746조의 단서에는 '그 불법원인이 수익자에게만 있는 때에는 그러하지 아니하다.'라고 규정되어 있다. 이는 불법원인급여라고 하더라

---

[11] 민법 제746조(불법원인급여) 불법의 원인으로 인하여 재산을 급여하거나 노무를 제공한 때에는 그 이익의 반환을 청구하지 못한다. 그러나 그 불법원인이 수익자에게만 있는 때에는 그러하지 아니하다.

도 급여자에게 불법성이 전혀 없는 경우에는 반환청구가 가능하다는 의미이다. 대법원은 위 민법 제746조 단서를 '불법성 비교론'으로 확장 해석하여 적용하고 있다. 즉, 불법원인급여에서 급여자에게 불법성이 전혀 존재하지 않는 경우뿐만 아니라, 불법성이 존재하는 경우라고 하더라도 수익자의 불법성이 급여자의 불법성보다 현저히 커서 급여자의 반환청구를 허용하지 않는 것이 오히려 공평의 원리에 반하는 결과를 초래한다면, 급여자의 반환청구를 허용한다는 것이다. 위 A의 사건으로 돌아가 보면, C로펌은 변호인 선임계약서의 성공보수 부분을 마치 성공보수가 아닌 것처럼 기재하였고, 사건이 종결되기도 전에 미리 성공보수를 받아 놓는 방법을 사용하여 A로부터 성공보수를 받았으므로, C로펌의 불법성이 A의 불법성보다 현저히 크다고 볼 수 있었던 것이다. 다만 불법원인급여에서 위와 같은 불법성 비교론은 엄격하게 적용되기 때문에, 의뢰인이 선임계약에 따라 로펌에 성공보수를 지급하였다면, 반환을 청구하기가 매우 곤란해질 수 있다.

어떠한 변호사가 형사사건과 관련하여 성공보수 약정을 요구하는 경우 단호히 거절할지, 모르는 척 계약을 체결하고 나중에 대법원 판례를 내세워 주지 않을지는 각자의 판단에 맡긴다. 다만 필자는 의뢰인과 로펌 모두가 서로 솔직하게 이야기를 나누었고 이를 바탕으로 변호사 선임계약을 체결하였다면, 양쪽 모두 그 약속을 지키는 것이 사회통념에 부합한다고 생각한다.

변호사 선임료는 일반인들에게 결코 작은 돈이 아니다. 따라서 변호사

상담 시 선임료 이야기를 꺼내는 것은 실례되는 일이 아니라 오히려 매우 당연한 일이다. 변호사와 상담하게 된다면 이 부분에 대해 반드시 상세히 물어보기를 바란다.

3) 일반적으로 사용되는 변호사 선임계약서

변호사 선임계약서는 로펌마다 조금씩 다르지만, 대부분 대한변호사협회 또는 각 지방변호사협회에서 제공하는 계약서 양식을 기초로 한다. 변호사 선임이 처음인 의뢰인들의 경우, 로펌에서 변호사 선임계약서를 처음 접하고, 어떠한 내용이 적혀 있는지 제대로 읽지도 못한 채 서명하는 경우가 많다. 또한, 의뢰인들은 로펌에서 제시하는 계약서가 일반적인 변호사 선임계약서의 내용과 같은지 다른지, 다르다면 어떠한 부분이 추가 또는 변경되었는지 알기 어렵다. 따라서 변호사와의 상담 전, 일반적으로 많이 쓰이는 변호사 선임계약서의 내용을 알아 두는 것이 좋다. 일반적인 변호사 선임계약서의 내용은 다음과 같다.

사건위임계약서(민사·행정 등)

위임인(갑) :
수임인(을) : 변호사 / 법무법인

사건의 표시

사건번호		사 건 명	
당 사 자		상 대 방	

위 당사자들은 위 표시 사건의 제___심에 있어서의 사건처리에 관한 위임계약을 다음과 같이 체결한다.

제1조 [목적] 갑은 을에게 위 표시 사건의 처리(이하 "위임사무"라 한다)를 위임하고, 을은 이를 수임한다.

제2조 [위임한계] 갑이 을에게 위임하는 위임사무의 한계는 당해 심급에 한하고, 파기 환송된 사건이나 상소의 제기, 강제집행, 강제집행정지, 보전처분 등 부수적 절차에 관한 사항은 따로 정한다. 보전처분 사건의 경우, 이의사건 또는 취소사건은 별개의 위임사무로 한다.

제3조 [수권범위] 갑은 을에게 따로 작성하여 교부하는 위임장 또는 선임서에 적은 자격과 권한을 수여한다.

제4조 [수임인의 의무] 을은 변호사로서 법령에 정한 권리와 의무에 입각하여, 위임의 내용에 따라 선량한 관리자의 주의를 다하여 위임사무를 처리한다.

제5조 [자료제공 등] 을이 위임사무를 처리하는데 필요하다고 인정하여 요구한 자료 또는 조회한 사항에 대하여 갑은 지체 없이 이에 응하여야 한다.

제6조 [착수보수] ① 갑은 을에게 위임계약의 성립과 동시에 착수보수로 금_____원(**부가가치세 별도**)을 지급한다.
② 제1항의 착수보수는 을이 위임사무에 관한 연구, 조사, 서면작성을 하는 등 위임사무에 착수한 후, 을에게 책임 없는 사유로 인한 당사자의 소의 부제기 또는 취하, 상소의 부제기 또는 취하, 청구의 포기, 인락, 소송상 화해, 조정, 소송물의 양도, 당사자의 사망 등의 경우에는 갑이 그 반환을 청구하지 못하는 것을 원칙으로 하되, 필요한 경우 갑과 을의 협의하에 이를 조정할 수 있다.
③ 을이 위임사무를 착수하기 이전이라도 을에게 책임 없는 사유로 인한 갑의 일방적인 위임계약 해지, 또는 제9조에 의한 위임계약의 해지 등의 사유가 발생한 경우에는 이로 인하여 을이 입거나 입게 되는 손해 혹은 손실에 해당하는 금액을 공제한 나머지 금액을 반환하기로 한다.
④ 갑과 을이 합의로 위임계약을 해지 또는 을이 부득이한 사유로 위임계약을 해지하는 경우에는, 당시까지 을의 변호사 및 전문보조인력들이 갑을 위하여 일한 일체의 시간(수임을 위하여 상담하거나 연구한 시간 포함)에 을이 정하고 있는 시간당 보수율을 곱하여 산출된 금액을 착수보수에서 공제하고 잔액이 있을 경우 이를 반환한다.

제7조 [성과보수]
가. 성과보수
위임사무가 판결, 재판상 내지 재판외 화해(화해권고결정 포함), 조정(조정에 갈음한 결정 포함) 등으로 성공한 때에는 다음 구분에 의하여 성과보수를 지급하기로 한다.
① 전부 승소한 경우 : 금_____원(부가가치세 별도)

일부 승소한 경우 : 위 금액을 승소비율로 계산한 금액(부가가치세 별도)
② 승소로 얻은 경제적 이익가액의 _____%에 해당하는 금액(부가가치세 별도)
③ 상소심의 경우 달리 정함이 없는 한 상소심의 심판의 대상 전부를 기준으로 하여 승소 비율을 정한다.

나. 승소로 보는 경우 : 다음의 경우에는 승소로 보고, 위 가항에 정한 성과보수액을 지급하여야 한다.
① 을이 위임사무처리를 위하여 상당한 노력을 투입한 후 갑이 임의로 청구의 포기 또는 인락, 소의 취하, 상소를 취하한 경우
② 을의 소송수행 결과로 인하여 상대방이 청구의 포기 또는 인락, 소의 취하, 상소를 취하한 경우 (상대방이 이러한 사정으로 청구취지 또는 항소취지를 감축하는 경우에도 감축된 부분에 관하여 성공한 것으로 본다.)
③ 을의 소송수행 결과로 인하여 소송대상인 행정처분이 직권취소되거나 경정처분된 경우 ④ 을이 위임사무 처리를 위하여 상당한 노력을 투입한 후 갑이 정당한 사유 없이 위임계약을 해지하거나, 제9조에 따라 을이 위임계약을 해지한 경우

다. 전항 제1호 사유 중 갑이 아무런 경제적인 이득 또는 기타 이득이 없이 청구의 포기, 소의 취하, 인락, 상소를 취하한 때에는 을의 노력 및 업무 수행 경과를 감안, 갑과 을이 상호 협의하여 성과보수를 조정할 수 있다.

제8조 [비용부담] ① 을이 위임사무를 처리하는데 필요한 인지대, 송달료, 감정료, 예납금, 보증금, 등사료, 여비, 기타 필요한 실비는 그 전액을 갑이 부담한다.
② 갑은 제1항의 비용에 충당하기 위하여 금 _____원을 예치한다.
③ 출장 일당으로 1일 금 _____원을 비용 발생 때 지급한다.
④ 전항의 비용은 제2항의 예치금 중에서 충당할 수 있다.

제9조 [계약해지] 갑이 이 위임계약에 정한 의무를 이행하지 아니하거나 위임사무의 내용에 관하여 진술한 사실이 허위인 때에는, 고의가 아닌 경우라도 을은 이 계약을 해지하고 사임할 수 있다.

제10조 [통지의무] 을은 위임사무의 중요한 처리상황 및 그 결과를 갑에게 통지하고, 위임이 종료한 때에는 그 결과를 갑에게 지체 없이 통지하여야 한다.

제11조 [보수지급의 지체] ① 갑이 이 위임계약에 정한 비용 또는 보수의 지급을 지체한 때에는, 을은 위임사무에 착수하지 않거나 그 위임사무의 처리를 중단하거나 사임할 수 있다.
② 전항의 경우 을은 신속하게 갑에게 그 취지를 통지하여야 한다.

제12조 [자료의 보관책임] 을이 위임사무를 처리하기 위하여 갑으로부터 제공받은 자료는 위임 종료 시 갑에게 수령할 것을 통지한 후 3개월 내에 별다른 의사표시가 없을 경우 을은 이를 임의로 폐기할 수 있다.

제13조 [지급보장] ① 을은 이 위임계약에 정한 비용 또는 보수의 지급을 확실하게 보장하기 위하여 갑에게 필요한 조치를 요구할 수 있다.
② 을은 갑이 제1항의 비용 또는 보수의 지급의무를 이행하지 아니하는 때에는, 위임사무의 처리에 관련하여 보관하게 된 금전, 문서 또는 자료 등을 유치하거나 상계처리 할 수 있다.
③ 전항의 경우 을은 신속하게 갑에게 그 취지를 통지하여야 한다.

제14조 [인장조각] 이 위임계약의 수행 상 필요한 경우, 을은 갑 또는 당사자의 인장을 조각하여 사용할 수 있다. 단, 을은 사후에 인장조각 및 사용사실을 통지하여야 한다.

제15조 [비밀유지] 을은 업무상 취득한 갑의 모든 비밀정보를 비밀로 유지하고, 업무수행상 필요하거나 법적으로 공개가 요구되는 경우 이외에는 갑의 동의 없이 제3자에게 공개하지 아니한다.

제16조 [민법과의 관계] 기타 위임사항에 관하여 이 위임계약서에 특별히 규정되어 있는 사항을 제외하고는 민법상 위임에 관한 규정이 정한 바에 의한다.

* 특약사항

이 계약의 성립을 증명하기 위하여 이 계약서 2통을 작성하고, 갑과 을이 각 1통씩 보관한다.

20   년   월   일

갑 : 위임인
    성 명   날인(서명)
    주 소
    주민등록번호 또는 사업자등록번호
    전화 또는 핸드폰 번호
    이메일 주소

을 : 수임인 변호사 / 법무법인
    담당변호사

수임인이 판결문 기재, 채권 추심, 판결(판결과 동일한 효력이 있는 화해, 조정결정 등 포함)의 집행 등 위임인과 관련된 사건의 수행을 위하여 위에 기재된 위임인의 정보를 처리하고 처리 목적 달성 시 또는 위임인의 파기 요청 시까지 보유함에 대해, 위임인은 이에 동의합니다.

위임인 성명 _____ 날인(서명) _____

사건위임계약서(형사)

위임인(갑) :
수임인(을) : 변호사 / 법무법인

사건의 표시

사건번호		사건명	
피고인(피해자)		상대방	

위 당사자들은 위 표시 사건의 제___심에 있어서의 사건처리에 관한 위임계약을 다음과 같이 체결한다.

제1조 [목적] 갑은 을에게 위 표시 사건의 처리(이하 "위임사무"라 한다)를 위임하고, 을은 이를 수임한다.

제2조 [수임인의 의무] 을은 변호사로서 법령에 정한 권리와 의무에 입각하여 위임의 내용에 따라 선량한 관리자의 주의를 다하여 위임사무를 처리한다.

제3조 [자료제공 등] 을이 위임사무를 처리하는데 필요하다고 인정하여 요구한 자료 또는 조회한 사항에 대하여 갑은 지체 없이 이에 응하여야 한다.

제4조 [보수] ① 갑은 을에게 위임계약의 성립과 동시에 기본금 _____원(**부가가치세 별도**)을 지급한다. 또한 갑은 을에게 별표 1의 항목별 보수액을 가산한 금액(**부가가치세 별도**)을 지급한다. 다만, 필요적 변호사건에 있어서 공판참여 등의 경우에는 별도의 합의가 없더라도 항목별 가산을 적용할 수 있다.
② 제1항의 기본금은 을이 접견, 위임사무에 관한 연구, 조사, 서면작성을 하는 등 위임사무에 착수한 후에는, 을에게 책임 없는 사유로 인한 상소의 취하, 고소의 취하, 당사자의 사망 등의 경우에는 갑이 그 반환을 청구할 수 없다.
③ 을이 위임사무를 착수하기 이전이라도 을에게 책임 없는 사유로 인한 갑의 일방적인 위임계약 해지, 또는 제7조에 의한 위임계약의 해제 등의 사유가 발생한 경우에는 이로 인하여 을이 입거나 입게 되는 손해 혹은 손실에 해당하는 금액을 공제한 나머지 금액을 반환하기로 한다.
④ 갑과 을이 합의로 위임계약을 해지 또는 을이 부득이한 사유로 위임계약을 해지하는 경우에는, 당시까지 을의 변호사 및 전문보조인력들이 갑을 위하여 일한 사무의 내용(수임을 위하여 상담하거나 연구한 내용 포함)에 따라 산출된 금액을 공제하고 잔액이 있을 경우 이를 반환한다.

제5조 [비용부담] ① 을이 위임사무를 처리하는데 필요한 인지대, 송달료, 감정료, 예납금, 보증, 등사료, 여비 기타 필요한 실비는 그 전액을 갑이 부담한다.
② 갑은 제1항의 비용에 충당하기 위하여 금 _____원을 예치한다.
③ 출장 일당으로 1일 금 _____원을 비용 발생 때 지급한다.
④ 전항의 비용은 제2항의 예치금 중에서 충당할 수 있다.

제6조 [보수 등 선급과 정산] 갑이 이 위임계약에 정한 비용 또는 보수의 전부 또는 일부를 을에게 선급하는 경우 을은 먼저 비용에 충당하고 잉여를 보수에 충당하며, 위임사무가 종료된 후에 정산하여 잔액이 있으면 갑에게 반환한다.

제7조 [계약해지] 갑이 이 위임계약에 정한 의무를 이행하지 아니하거나 위임사무의 내용에 관하여 진술한 사실이 허위인 때에는, 고의가 아닌 경우라도 을은 이 계약을 해지하고 사임할 수 있다.

제8조 [통지의무] 을은 위임사무의 중요한 처리상황 및 그 결과를 갑에게 통지하고, 위임이 종료한 때에는 그 결과를 갑에게 지체 없이 통지하여야 한다.

제9조 [보수지급의 지체] ① 갑이 이 위임계약에 정한 비용 또는 보수의 지불을 지체한 때에는, 을은 위임사무에 착수하지 않거나 그 위임사무의 처리를 중단하거나 사임할 수 있다.
② 전항의 경우 을은 신속하게 갑에게 그 취지를 통지하여야 한다.

제10조 [자료의 보관책임] 을이 위임사무를 처리하기 위하여 갑으로부터 제공받은 자료는 위임 종료 시 갑에게 수령할 것을 통지한 후 3개월 내에 별다른 의사표시가 없을 경우 을은 이를 임의로 폐기할 수 있다.

제11조 [지급보장] ① 을은 이 위임계약에 정한 비용 또는 보수의 지급을 확실하게 보장하기 위하여 갑에게 필요한 조치를 요구할 수 있다.
② 을은 갑이 제1항의 비용 또는 보수의 지급의무를 이행하지 아니하는 때에는, 위임사무의 처리에 관련하여 보관하게 된 금전, 문서 또는 자료 등을 유치하거나 상계처리 할 수 있다.
③ 전항의 경우 을은 신속하게 갑에게 그 취지를 통지하여야 한다.

제12조 [인장조각] 이 위임계약의 수행 상 필요한 경우, 을은 갑 또는 당사자의 인장을 조각하여 사용할 수 있다. 단, 을은 사후에 인장조각 및 사용사실을 통지하여야 한다.

제13조 [비밀유지] 을은 업무상 취득한 갑의 모든 비밀정보를 비밀로 유지하고, 업무수행상 필요하거나 법적으로 공개가 요구되는 경우 이외에는 갑의 동의 없이 제3자에게 공개하지 아니한다.

제14조 [민법과의 관계] 기타 위임사항에 관하여 이 위임계약서에 특별히 규정되어 있는 사항을 제외하고는 민법상 위임에 관한 규정이 정한 바에 의한다.

* 특약사항
이 계약의 성립을 증명하기 위하여 이 계약서 2통을 작성하고, 갑과 을이 각 1통씩 보관한다.

20   년   월   일

갑 : 위임인
    성   명   날인(서명)
    주   소
    주민등록번호 또는 사업자등록번호
    전화 또는 핸드폰 번호
    이메일 주소

을 : 수임인 변호사 / 법무법인
    담당변호사

수임인이 구치소 접견 등 위임인과 관련된 사건의 수행을 위하여 위에 기재된 위임인 등의 정보를 처리하고 처리 목적 달성 시 또는 위임인 등의 파기 요청 시까지 보유함에 대해, 위임인은 이에 동의합니다.

    위임인 성명 _____ 날인(서명) _____

나.
변호사에게 '완전히' 솔직하게 사건에 대해 이야기하자

앞서 '필자가 생각하는 좋은 변호사의 덕목'에서 언급한 바와 같이, 변호사가 사건을 파악하는 주된 방법은 의뢰인으로부터 사건에 대해 듣는 것이다. 물론 현장이 중요한 사건의 경우 변호사가 사건 현장을 방문하여 직접 조사를 하는 경우도 있지만, 그러한 경우에도 마치 형사가 수사하듯 현장을 여러 번 방문하여 증거를 수집하거나 주변 사람들을 탐문하는 등으로 증거를 수집하는 일은 많지 않다(업무 여건상 어렵기도 하다). 이처럼 변호사가 얼마나 사건을 잘 파악하는가는 의뢰인에게 달린 것이기에, 의뢰인은 당연히 변호사에게 사건에 대해 자신이 경험한 바를 솔직하게 이야기하여야 한다. 그런데 의외로 변호사에게 솔직하게 이야기하지 않는 의뢰인들이 꽤 많다.

> 정년퇴직이 다가온 회사원인 의뢰인 A의 사건이다. A는 회사 정책에 따라 특수한 목적에만 사용할 수 있는 직불카드 한 장을 지급 받았다. 그 카드와 연결된 회사 통장에는 회사로부터 50만 원이 입금되어 있었다. A는 정책 담당 직원으로부터 "이 직불카드와 돈은 반드시 회사에서 정한 목적에만 사용해야 하니 주의 바란다."라는 말을 여러 번 들었다. 그러나 A는 위와 같은 말을 대수롭지 않게 생각했다. 어느 날 A는 친구들과 술을 한잔하고 당구를 친 뒤 계산을 하려 했는데, 그

제서야 평소 사용하던 신용카드를 집에 두고 왔다는 사실을 깨달았다. 이에 A는 '일단 회사가 지급한 직불카드로 계산한 뒤 나중에 돈을 채워 넣으면 되겠지.'라고 생각하고, 위와 같은 회사 직원의 경고를 무시한 채 회사가 지급한 직불카드로 술값과 당구비 약 15만 원을 계산했다.

이후 A는 회사로부터 지급 받은 직불카드를 회사 정책에 맞게 사용했다. 그러나 이전에 술값과 당구비로 사용한 돈을 직불카드가 연계된 회사 통장에 채워 넣는 것이 귀찮아 차일피일 미루다 결국 잊어버리고 말았다. 그러던 중 회사에서 정책감사를 시행했고, A가 술값과 당구비로 회사의 정책자금을 유용한 사실이 적발되었다. A는 즉시 통장에 돈을 채워 넣었고, 관련 업무 직원에게 "큰 금액이 아니니 선처 부탁한다."라고 이야기하였다. 그리고 위의 술값 및 당구비의 금액과 동일한 금액의 다른 간이영수증(사무용품 등 구매)을 건네주며 "기존 술값과 당구비를 대신해 이 영수증들을 제출해 달라."고 하였다. 사실 A는 자신이 회사 정책 외 용도로 금액이 얼마 되지 않았기 때문에 별다른 문제가 되지 않으리라 생각했다. 그러나 회사에서는 A의 행위를 문제 삼아 감봉 1개월의 징계를 내렸다(징계 절차에서 A는 자신의 실수를 인정하고 선처를 구했다). 그러나 A는 자신의 행위가 매우 사소한 것이라는 생각을 지우지 못했고, 감봉 1개월의 징계는 자신이 한 행위에 비해 지나치게 과하다고 생각했다. 이후 A는 감봉 1개월의 징계가 부당하다며 혼자 소송을 제기하였으나, 중간에 한계를 느끼고 변호사를 알아보던 중 필자를 선임하게 되었다.

A는 필자에게 이 사건에 관해 설명하면서 결정적인 두 가지 사실을 숨겼는데, ① 회사로부터 직불카드를 지급받을 때 담당 직원으로부터 정책 외의 목적으로는 절대 사용할 수 없다는 이야기를 들었던 사실(심지어 직불카드 수령 확인서에 위의 내용으로 서명까지 했으나, 그러한 문서의 존재에 대해서도 필자에게 이야기하지 않았다), 그리고 ② 카드 사용이 문제 된 뒤 자신이 회사 직원에게 술값과 당구비 영수증이 아닌, 동일 금액의 다른 영수증을 건네줘 회사에 제출하였던 사실이었다. 이에 필자는 A가 위 직불카드로 술값과 당구비를 결제한 사실 자체를 알

지 못했고(실제 사무용품 등을 구매했던 것으로 알고 있었다), 또한 회사도 A에게 직불카드 사용 방법에 대해 주의를 주지 않았기 때문에, A가 위 직불카드를 정책 외로 사용한 것은 A의 단순한 실수로서 충분히 있을 수 있는 일이라고 생각했다. 이에 필자는 A의 행동이 감봉이라는 징계를 받을 정도는 아니라는 결론을 내리고 소송에서 위와 같은 점을 부각하기 위해 회사 직원을 증인으로 신청하였다.

필자는 증인신문이 A의 억울한 사정을 밝혀 줄 것이라고 기대했다. 그러나 증인으로 출석한 회사 직원은 A가 담당 직원으로부터 "직불카드는 절대 회사 정책 외 다른 용도로 사용해서는 안 된다."라는 주의를 여러 번 들었을 뿐만 아니라 그러한 내용의 확인서에 서명까지 했다고 증언하였고(직원은 증인신문 뒤 회사로 돌아가 A가 서명한 확인서를 찾아 증거로 제출했다), A가 다른 영수증을 건네주며 자신에게 사건을 무마해 줄 것을 청탁했다는 사실도 모두 이야기하였다. 게다가 A가 원래 위 직불카드로 결제했던 것은 술값과 당구비라는 사실도 증인신문 과정에서 드러났다. 필자는 증인신문 때 위와 같은 사실을 처음 들은 탓에 적잖이 당황했고, 당연히 증인신문은 엉망진창으로 끝나고 말았다. 사건 역시 당연히 패소했다.

그런데 문제는 소송에서 패소한 것뿐만이 아니었다. 사실 회사는 얼마 남지 않은 A의 정년퇴직을 참작하여 A에게 감봉 1개월의 징계를 하는 선에서 더 문제 삼지 않으려 했던 것인데, A가 변호사까지 선임해서 소송을 벌이고, 그것도 모자라 직원들까지 증인으로 불러내 회사를 괴롭히자, 마음을 바꾸어 A를 '횡령죄'로 형사 고발까지 했던 것이다. A는 이 횡령 사건으로도 필자에게 연락해 변호사를 선임하는 것이 좋을지 상담을 구했으나, 필자는 A의 행위가 횡령에 해당하는 것이 명백하기에, A에게 이길 가능성은 없으니 변호사 선임료를 낭비하지 말고, 그냥 모든 죄를 인정하고 선처를 구하라고 조언했다.

단언컨대 의뢰인의 솔직하지 못한 태도는 결국 자신에 대한 큰 손해로 이어진다. 이것은 지극히 당연한 일이다. 그러나 필자가 경험한 바에 따르면, 상당히 많은 수의 의뢰인이 변호사에게 사건에 관해 이야기할 때 불리한 부분을 숨기거나 축소하고, 심지어 왜곡하여 이야기하곤 한다. 이로 인해 필자는 곤란한 상황을 여러 번 겪었고, 의뢰인이 나에게 거짓말을 했다는 생각에 분노하기도 했다. 그러나 지금은 자신의 행위를 정당화하는 의뢰인의 심정을 어느 정도는 이해하게 되어 예전처럼 의뢰인에게 분노하지는 않고, 거짓말이라고 짐작되는 부분에 대해 간접적인 질문과 표현으로 진실을 유도하곤 한다.

아무리 자신이 숨기고 싶은 사실이 있더라도, 소송이 진행되는 과정에서 대부분 드러난다는 것이 필자의 경험이다. 그러한 방식으로 드러난 사실은 자신에게 매우 큰 불이익으로 돌아오게 된다는 점을 기억하자. 차라리 변호사에게 모든 사실을 '완전히' 솔직하게 이야기하고, 함께 대책을 찾아보는 것이 훨씬 더 현명한 선택이라는 점을 명심하기를 바란다.

다.
변호사와 의견 차이가 있을 때 어떻게
조율해야 할까

법적 절차를 시작해야겠다고 마음먹은 사람들은 저마다 억울하고 분하고 원통한 마음이 가득하다. 의뢰인은 이러한 마음을 경찰, 검사, 판사에게 가감 전달하기를 원하는 경우가 많다. 그러나 변호사는 대부분 의뢰인의 주장이 지나치게 감정적으로 흘러가는 것을 경계하고, 사건의 핵심 쟁점 위주로 주장을 정리하는 방향으로 사건을 진행한다. 또한, 의뢰인은 종종 여러 경로를 통해 습득한 법률적 지식을 바탕으로 독창적인 법리를 개발하여, 그것을 사건에 적용하기를 원하기도 한다. 그러나 변호사는 독창적인 법리보다는 판례에 의해 확립된 법리만을 적용하려 하는 경우가 많다.

또한, 의뢰인은 판사 또는 상대방 등의 말 한마디, 갑작스럽게 변경된 변론기일, 조직의 인사이동으로 변경된 사건 담당자 등 사소한 것들 하나하나에 마치 법적 절차에서 패배할 것 같은 불안감을 느끼곤 한다. 그러나 변호사는 법적 절차가 진행되는 과정에서 위와 같은 사소한 사항에 대해서는 별다른 감정의 동요를 느끼지 않는다. 사건에 대한 의뢰인과 변호사의 이와 같은 온도차는 자연스러운 것이지만, 의뢰인은 종종 이러한 변호사의 태도를 사건에 대한 무관심, 무성의 등으로 받아들이기도 하고, 그로 인해 큰 갈등이 발생하기도 한다. 변호사와 의뢰인 간에 이와 같은 갈등이 발생한 경우, 어떻게 해결하는 것이 좋을까?

변호사와 의뢰인 간에 위와 같은 문제가 발생하였다는 것은, 의뢰인이 이 사건을 어떠한 마음으로 임하고 있는지, 이 사건의 쟁점은 무엇이고 어떠한 절차를 거쳐 사건이 진행되는지 등에 대해 변호사와 의뢰인이 충분히 대화를 나누지 않았다는 것을 의미한다. 결국, 변호사와 의뢰인 간의 갈등은 적극적인 의사소통만이 해결책이라는 것이 필자의 의견이다. 따라서 이와 같은 갈등이 발생하였다면, 의뢰인은 주저하지 말고 변호사와 만나 이야기를 나누는 것이 좋다.

그런데, 변호사와의 면담이라는 것은 의뢰인에게도 부담이지만, 변호사에게도 '의뢰인이 뭔가 불만이 있어서 찾아오는 것은 아닐까. 내가 제출한 준비서면에 큰 문제가 있었던 것은 아닐까.' 하는 등의 심리적 부담으로 작용하기 마련이다. 그러나 의뢰인이 원하는 바는 현재 진행 중인 소송을 어떠한 방향으로 진행해 나갈지 함께 연구해 보자는 것이지, 변호사 면전에서 변호사를 비난하려는 것이 아니다. 따라서 의뢰인이 변호사에게 면담을 신청하는 이유가, 변호사에게 무엇인가 따지려는 것이 아니라, 현재 진행 중인 사건을 더 좋은 방향으로 이끌어 가기 위해 의견을 나누기 위함이라는 점을 사전에 명확히 한다면, 서로 간의 오해 없이 이야기를 시작할 수 있을 것이다.

비단 변호사뿐만 아니라 다른 사람과의 관계에서도, 내 의견만 일방적으로 이야기해서는 의미 있는 의사소통이 이루어질 수 없다. 따라서 변호사에게 내 의견을 효과적으로 전달하고 싶다면, 충분히 상대방을 배려하는 것이 필요하다. 필자라면, 변호사에게 연락하여 변호사가 편한 시간에 면담을 약속하고, 사전에 궁금한 점, 바라는 점을 정리하여 변호사에게 미리 보내 놓은 뒤, 변호사와 만나 이야기를 나누어 보는 방식을 취할 것이다.

먼저, 소송은 변호사에게 둘도 없는 전문 영역으로서 자존심이 발휘될 수밖에 없는 분야이다. 그에 반해 의뢰인은 평생 많아 봐야 몇 건 되지 않는 소송을 경험했을 뿐이다. 따라서 변호사로부터 충실한 답변을 듣고자 한다면, 의뢰인은 일단 그 분야의 전문가인 변호사의 의견을 존중하는 태도를 보이는 것이 좋다.

한편, 많은 의뢰인이 변호사와의 면담 자리에서 자신이 어떻게 살아왔는지, 어떤 가정 환경에서 어떠한 친구를 만나 어떠한 직장에 들어갔고 어떻게 결혼해서 지금까지 살아왔는지 등 자신의 일대기를 두서없이, 시간제한 없이 늘어놓곤 한다. 그러나 사건의 쟁점과 거리가 먼 내용에 대한 장시간의 대화는 상대방을 지치게 만들고 집중력을 흐트러트리기 마련이다. 그러니 부디 할 말이 산더미 같더라도 그와 같은 이야기는 최대한 아끼는 것이 좋다. 이러한 '하소연'과 같은 방식의 상담은 서로에게 생산적이지도 않을뿐더러 변호사에게 자신을 '연락받기 부담스러운 의뢰인'으로 만드는 꼴이다. 따라서 할 말이 산더미처럼 많다고 하더라도, 변호사 앞에서는 가급적 사건과 상관없는 이야기들은 배제하도록 하자.

또한, 내가 아무리 분하고 억울한 마음을 가지고 있다고 하더라도 변호사에게는 그러한 감정을 최대한 자제하는 것이 좋다. 상대방이 자신에게 화를 내는 것은 아니라는 사실을 아는 사람도, 대화의 상대방이 계속해서 언성을 높이면 대화를 이어 나가기 힘들다. 필자의 경험상, 변호사가 의뢰인과의 대화 중 의문점을 해소하기 위해 질문을 던졌을 때, 변호사가 상대방을 옹호한다고 생각해 화를 내는 의뢰인들이 꽤 많았다. 그러나 변호사가 의뢰인의 상대방을 변호할 리는 없으니, 부디 변호사의 질문에 감정적으로 대응하지 말기를 바란다. 변호사가 갖는 의문점은 판사도 동일하게 느낄만한 것들이므로, 의뢰인은 침착한 마음을 가지고 변호사에게 논리적으로 설명해야만 한다. 아무리 내가 고통스럽고 힘든 시간을 보냈다고 하더라도, 변호사와 만나 대화하는 목적을 잊어서는 안 된다.

무엇보다 중요한 점은 면담 시에 궁금한 점을 정확하게 물어보아야 한다는 점이다. 이를 위해 의뢰인은 질문을 미리 정리해야 하는 것이 좋다. 1시간의 면담 시간 안에 100개의 질문에 대한 답을 모두 들을 수는 없다. 요즘은 인터넷 등에서 수많은 법률 정보를 접할 수 있으므로, 인터넷 등을 통해 쉽게 답을 찾을 수 있는 질문들은 변호사에 대한 질문 목록에서 배제시키고, 가장 중요한 질문부터 차례대로 순위를 매기는 방식으로 정리하는 것을 추천한다. 질문 목록이 정리되면, 면담 전 변호사에게 미리 질문 목록을 보내는 것을 추천한다. 아무리 변호사라도, 의뢰인의 질문을 듣자마자 곧바로 최선의 답변을 하기 어려울 수 있기 때문이다. 변호사가 질문에 대한 답변을 준비할 시간이 많으면 많을수록, 의뢰인의 면담 만족도는 상승할 것이다.

변호사에 대한 불만은 대화를 통해 풀어 가는 것 외에는 다른 방법이 없다는 것이 필자의 의견이다. 의사소통이 원활하게 이루어지기 위해서는 태도가 매우 중요하다. 어차피 이 변호사를 통해 내가 사건을 처리해야만 한다면, 변호사와 싸우거나 대립하기보다는, 어떻게든 변호사가 일을 더 잘할 수 있도록 도와주는 것이 현명한 선택이다. 이러한 점을 명심하고, 대화를 통해 발전적인 방향으로 변호사와의 갈등을 해소해 나가길 바란다.

라.
사건 처리 과정을 확인하는 방법

　소송은 짧으면 약 6개월, 길면 3년까지도 간다. 1심, 2심, 3심까지 생각하면 4년, 5년이 걸릴 수도 있다. 그런데 소송이라는 것이 그 긴 기간 동안 매일매일 어떤 이벤트가 벌어지는 것은 아니다. 민사소송이든 형사소송이든 변론기일 또는 공판기일은 한 달에 한 번 정도 열리는 것이 일반적이고, 변론기일이나 공판기일이 돌아오기 전, 법원에 준비서면이나 의견서를 대략 1~2회 제출하는 것 외에는(때로는 아무 서면도 제출하지 않는 경우도 있다), 별다른 일이 벌어지지 않는 것이 보통이다. 그럼에도 불구하고 의뢰인은 상대방이 변호사를 선임했는지 안 했는지, 상대방이 자신의 주장을 반박하는 서면을 제출하지는 않았는지, 사실조회 회신 등이 법원에 도착했는지 등, 궁금한 점이 너무나도 많다. 의뢰인은 이와 같은 부분을 변호사에게서 상세하게 듣고 싶어 한다. 그러나 변호사의 업무 여건상, 소송에서 무엇인가 의미 있는 진행이 일어나지 않았을 때, 시시콜콜한 진행 상항(때로는 아무 일도 벌어지지 않았다는 점)을 의뢰인에게 하나하나 다 전달해 주기는 쉽지 않다. 의뢰인으로서도, 매번 변호사에게 연락해 사소한 것들을 전부 다 물어보기도 어려울 수 있다. 그렇다면 의뢰인이 스스로 사건 진행 상황을 확인하는 방법은 없을까?

사건의 당사자인 의뢰인은 기본적으로 자신의 이름으로 진행되는 소송의 진행 상황을 직접 확인해 볼 수 있다. 여기서는 모든 소송에 공통으로 사용할 수 있는 방법을 먼저 소개하고, 형사소송과 그 밖의 소송(민사, 가사, 행정 등)을 나누어 설명하도록 한다.

1) 대한민국 법원 전자소송포털[12] 사건검색 활용

먼저 대한민국 법원 전자소송포털의 사건검색을 활용하는 방법을 소개한다.[13] 이 방법은 모든 소송에 공통된 방법으로써, 의뢰인이 소송의 진행 상황을 간략하게 확인하는 방법이다. 이 방법은 법원에 제출된 구체적인 서류 내용이 표시되는 것은 아니지만, 어떠한 제목의 서류가 언제 제출되고 언제 송달되었는지, 변론기일이 언제 열렸고 당사자나 변호인 중 누가 출석했는지 등을 시간 순서대로 알아볼 수 있는 곳이다. 각주의 주소를 인터넷 브라우저에 직접 입력하거나, 포털사이트에 '전자소송포털'을 검색하면 쉽게 찾을 수 있다.

---

12) https://ecfs.scourt.go.kr/psp/index.on
13) 기존에는 '대한민국 법원 나의사건검색' 사이트와 '전자소송' 사이트가 따로 존재하였으나, 2025. 1. 31.부로 '대한민국 법원 전자소송포털' 서비스로 통합되었다.

'전자소송포털' 사이트에 들어가면 오른쪽에 '사건검색' 박스가 존재한다. 여기서 법원, 사건번호와 당사자의 성명을 입력하고 조회 버튼을 누르면 자동입력 방지 문자가 나오고, 화면에 표시된 자동입력방지문자를 입력하고 확인 버튼을 누르면 사건 진행상황 창이 생성된다.

　사건진행상황 창 상단에는 '일반내용'과 '진행내용' 탭이 있고, 아래쪽에는 간략한 사건 정보가 있다. 그리고 그 아래쪽에는 '심급내용', '최근기일내용', '최근 제출서류 접수내용' 등의 항목과 함께 오른쪽에 '상세보기' 버튼이 있다. 각 항목 오른쪽의 상세보기 버튼을 누르면 해당 항목의 상세 내용을 볼 수 있다. 그러나 필자는 각 항목의 내용만을 선별해서 보기보다는 사건의 모든 진행 상황을 주로 보는 편이다. 맨 위쪽에 '진행내용' 버튼을 누르면 사건의 구체적인 진행 내용이 기록된 화면으로 전환된다.

　전환된 화면에는 위쪽에 '기본내용' 항목이, 그 아래쪽에 '진행내용' 항목이 있다. 그리고 '진행내용' 오른쪽 가장자리에 선택할 수 있는 항목이 있는데 이곳을 클릭하면 '전체', '기일', '명령', '제출서류', '송달' 등의 내용만을 선별해서 볼 수 있지만, '전체'를 선택하여 사건의 모든 진행 내용을 보는 것이 사건 진행 상황을 빠짐없이 볼 수 있는 가장 좋은 방법이다.

다만, 이때 주의해야 할 부분이 있다. '진행내용' 항목 바로 아래 있는 상자 안의 '확인' 부분이다.

```
ㅇ 진행내용                                          진행구분: 전체  ∨

· 송달결과는 법적인 효력이 없는 참고사항에 불과하고, 추후 송달이 착오에 말미암은 것이거나 부적법한 경우 변경될 수 있습니다.
· 송달결과는 '0시 도달'로 나타나는 경우에는 기간 계산 시 초일이 산입된다는 점에 유의하시기 바랍니다.
※ 송달결과(2007.03.12전에는 재판부에서 등록한 내용에, 그 이후에는 우정사업본부로부터 전송받은 내용에 한함)를 조회하고자 할 경우에는 '확인' 항목에 체크하시기 바랍니다.
☐ 확인
```

위와 같이 '☐ 확인' 부분은, 법원이 송달한 문서를 당사자가 받았는지 아닌지를 진행내용에 표시할지 말지에 관한 항목이다. 이 네모 칸을 클릭하여 체크를 해 주지 않으면, 당사자가 서류를 언제 받았는지 표시되지 않는다. 소송에서 의미가 있는 기한은 대부분 서류를 송달받은 날부터 기산되므로, 서류를 송달받은 날짜는 소송에서 매우 중요한 역할을 한다. 따라서 반드시 네모 칸을 클릭한 뒤 '진행내용'을 살펴보아야 한다. 위 '확인' 버튼을 클릭하면, '진행내용' 화면의 '결과'란에 다음과 같이 서류의 도달 일시가 표시된다.

2) 형사소송의 진행 상황을 확인하는 방법

가) 형사사법포털(KICS) 활용

형사사법포털[14]은 수사단계에서 사건이 어떻게 진행되고 있는지 알 수 있는 사이트이다. 회원 가입 후 공동인증서로 로그인하면 자신과 관련하

---

14) https://www.kics.go.kr/

여 현재 진행되고 있는 사건의 진행 상황을 알 수 있다. 이 사이트에서도 사건에 제출된 서류 등에 관한 내용을 볼 수는 없지만, 사건이 그렇게 처리된 이유 등은 간략하게 확인할 수 있다. 예를 들어 경찰 단계에서 수사중지 결정이 내려진다면 담당 수사관이 그렇게 된 이유를 간략하게 기재해 놓는 식이다.

형사사법포털에는 사건 조회 외에도 민원신청, 벌과금 조회, 전자약식명령 등본 조회 등의 메뉴를 이용할 수 있는데, 각 메뉴를 어떻게 이용할 수 있는지 상세하게 알려주는 페이지가 있으므로, 그 설명을 보고 따라 하면 어렵지 않게 이용할 수 있다. 형사사법포털은 원칙적으로 변호사도 고소인이나 피고소인을 대리하여 이용할 수 있게 되어 있지만, 막상 변호사가 접속해 보면 자신의 의뢰인에 대한 사건은 대부분 조회할 수 없게 되어 있는데, 변호사가 이를 조회하기 위해서는 여기저기 전화를 걸고 서류를 보내 의뢰인을 대신해 확인할 수 있는 권한을 얻어야만 한다. 이러한 불편함과 번거로움으로 인해 변호사는 형사사법포털을 잘 사용하지 않는 편이다. 형사사법포털에서 조회되는 내용을 변호사가 인지하지 못하고 있다고 해도 변호사에게 문제가 있는 것은 아니니 걱정하지 않아도 된다.

나) 사건기록 열람복사신청

사건기록 열람복사신청은 형사소송이 진행 중일 때, 소송에 제출된 서류를 확인하는 방법이다. 민사, 가사, 행정소송은 전자소송 시스템이 도입되어 전자소송 사이트에 공인인증서로 로그인만 하면 제출된 서류를 다 볼 수 있으나, 형사소송은 지금까지도 전자화가 진행되지 않아 소송에 제출된 서류를 확인하려면 법원에 기록열람복사를 신청하고, 법원에 방문하여 기록을 직접 복사해야 한다.[15]

---

15) 법무부·검찰청·경찰청·해양경찰청은 2025년 6월 시행을 목표로 형사 사법절차의 완전 전자화를 위한 시스템을 구축 중이라고 하니, 추후 경과를 지켜볼 필요가 있다.

내가 피고인인 경우, 소송에 필요한 대부분의 기록은 변호사가 복사하여 가지고 있으므로, 변호사를 통해 기록을 받아 보면 된다. 그러나 고소인의 경우, 변호사를 통해 고소하였더라도 형사소송의 주체는 고소인이 아닌 검사로서, 변호사가 할 일은 가끔 탄원서 또는 의견서 등을 제출하고, 고소인이 증인으로 출석 할 경우 함께 준비하는 정도의 역할만 할 뿐이다. 따라서 고소인의 변호사는 형사소송 기록을 열람복사 해 보유하고 있지 않는 경우가 대부분이다. 이러한 경우에는 고소인도 직접 형사소송이 진행 중인 법원에 열람복사 신청을 하고, 법원의 허가를 받아 서류를 열람하거나 복사해 와야 소송 관련 서류들을 확인할 수 있다.

열람복사의 방법은 간단하다(방법은 간단하나 매우 귀찮을 뿐이다). 법원에 열람복사신청서를 제출하면 법원으로부터 연락이 오는데, 안내에 따라 필요한 서류를 지참하여 시간을 조율해 법원에 방문하면 된다. 열람복사신청서 양식은 각 법원에 비치되어 있고, 각 법원의 인터넷 홈페이지에도 게시되어 있다. 열람복사신청서는 직접 제출해도 되고 우편으로 제출해도 된다. 단, 때에 따라 법원에서 열람복사를 허가해 주지 않는 기록들이 있을 수 있다. 다음은 서울중앙지방법원에서 사용하는 재판기록 열람·복사 신청서이다.

[2번 양식] 피해자 재판기록 열람·복사 신청서			허	부
(피해자, 고소인, 증인)				

신 청 인	성 명		전화번호 (휴대전화)	
	전자우편		팩스	
	피해자와의 관계		소명자료	

신 청 구 분	☐ 열람	☐ 복사

대 상 기 록	사 건 번 호	사 건 명	재 판 부

복사할 부분	☐ 복사대상 [☐ 복사매수 매]

사용 용도	

복사 방법	☐ 필사 ☐ 변호사단체복사기 ☐ 신청인 복사설비 ☐ 법원 복사기

이와 같이 신청하고, 신청인은 열람·복사에 관련된 준수사항을 엄수하며, 열람·복사의 결과물을 통하여 알게 된 개인정보, 영업비밀 등을 개인정보 보호법 등 관계법령 상 정당한 용도 이외로 사용하는 경우 민사상, 형사상 모든 책임을 지겠습니다.

20 년 월 일

신청인   (서명 또는 날인)

신청 수수료	500 원	(수 입 인 지 첨 부 란) * 열람실 뒤쪽 신한은행에서 인지를 구입하세요 (법원에서 인지를 판매하지 않습니다.)
복사 비용	원 (매×50)	

사용목적의 제한 또는 조건의 부과	20 . . . 재판장 판 사 ㊞

영수일시	20 . . . :	영수인	

※ 준수사항 및 작성요령
1. [개인정보 보호법 제19조] 개인정보처리자로부터 개인정보를 제공받은 자는 다음 각 호의 어느 하나에 해당하는 경우를 제외하고는 개인정보를 제공받은 목적 외의 용도로 이용하거나 이를 제3자에게 제공하여서는 아니된다. 1. 정보주체로부터 별도의 동의를 받은 경우 2. 다른 법률에 특별한 규정이 있는 경우
2. [형사소송법 제294조의4 ⑤항] 제1항에 따라 소송기록을 열람 또는 등사한 자는 열람 또는 등사에 의하여 알게 된 사항을 사용함에 있어서 부당히 관계인의 명예나 생활의 평온을 해하거나 수사와 재판에 지장을 주지 아니하도록 하여야 한다.
3. 영수인란은 서명 또는 기명날인하여야 합니다.
4. 법원복사기로 복사하는 경우에는 1장당 50원의 복사비용을 수입인지로 납부하여야 합니다.
5. 재판장의 열람·등사 허가·불허가, 사용목적 제한이나 조건 부과에 대하여는 불복할 수 없습니다.

★ 피해자·고소인·증인의 열람·복사 신청은 재판장의 허가를 요하므로 신청 당일 열람·복사는 불가합니다.
   (재판장 허가 결정시 해당 재판부에서 신청서에 기재된 연락처로 연락을 드려 방문예정일시를 지정하여 드립니다.)

3) 민사, 가사, 행정소송의 진행 상황을 확인하는 방법 - 전자소송

전자소송포털 사이트의 사건검색은 앞 '1)', '가)'항에서 설명한 대로 민사, 가사, 행정소송에서도 동일하게 활용할 수 있다. 그러나 사건검색만으로는 소송에 제출된 문서들의 구체적인 내용을 확인할 수 없는데, 형사소송을 제외한 민사, 가사, 행정소송은 당사자가 진행 중인 소송과 관련하여 제출된 모든 문서를 확인하는 방법이 존재한다.[16] 바로 소송의 당사자인 의뢰인이 직접 전자소송포털 사이트에 가입하여 사건 진행 상황을 구체적으로 확인하는 것이다.

현재 형사소송을 제외한 나머지 소송들은 대부분 전자소송으로 진행되고 있다. 전자소송이란, 법원에서 마련한 인터넷 홈페이지를 통해 소송과 관련된 모든 서류를 제출, 열람, 인쇄, 송달하는 시스템을 말한다. 홈페이지가 아주 빠릿빠릿하지는 않아 가끔 머리로 모니터를 들이박고 싶을 때도 많이 있지만, 그럼에도 불구하고 전자소송은 매우 훌륭한 시스템으로 변호사 대다수가 사용하고 있다.

전자소송은 회원 가입 후 공동인증서(구 공인인증서)를 등록하여 로그인하면 소송에 제출된 모든 서류를 볼 수 있고, 심지어 서류를 직접 제출할 수도 있다(다만 서류를 제출할 때는 반드시 변호사와 충분히 상의한

---

[16] 2025. 1. 31. 시작된 새로운 전자소송포털사이트는 형사소송의 전자화도 염두에 두고 개발된 것으로 보이나, 아직까지는 전자화가 이루어지지 않았다.

후 제출하는 것이 좋다).

사실 내가 선임한 변호사에게 연락하여 상대방이 제출한 준비서면을 나에게도 보내 달라고 하거나, 이미 제출한 우리의 준비서면을 다시 보내 달라고 요청할 수도 있다. 그러나 소송이 길어지고 제출된 서류가 많은 경우, 의뢰인이 변호사에게 매번 전화해서 제출한 서류를 보내달라고 이야기하기는 어려울 수 있다. 또한 의뢰인으로서는 변호사에게 알리지 않고 사건 진행 상황을 확인하고 싶을 때도 있다. 전자소송을 이용하면 변호사에게 요청하지 않고도 모든 서류 내용과 진행 상황을 확인할 수 있으므로, 현재 민사, 가사, 행정소송을 진행하고 있다면, 전자소송에 꼭 가입하길 추천한다.

전자소송포털 사이트에 접속하면 정말 많은 메뉴가 있어 처음 가입한 사람이 사용하기는 쉽지 않다. 여기서는 현재 변호사를 통해 소송이 진행 중인 경우에, 소송 내용을 확인하는 방법만 간단히 소개하고자 한다.

전자소송포털 사이트는 아래 그림과 같이 '전자소송', '나홀로소송', '소송안내마당' 세 부분으로 나누어져 있다. 이 책에서는 맨 위쪽 '전자소송' 부분만을 설명한다.

먼저, 전자소송포털사이트에 사용자를 등록해야 한다. 아이디와 비밀번호를 만든 뒤 공동인증서를 등록하고, 공동인증서를 이용하여 전자소송 사이트에 로그인하자.

로그인 완료 후, 전자소송으로 나의 사건을 확인하기 위해서는 현재 진행 중인 소송을 전자소송포털 사이트에 등록해야 한다. 아래 그림과 같이 전자소송포털사이트 첫 화면에서 제일 위쪽의 '나의전자소송' 항목에 마우스 포인터를 올려놓으면 아래쪽으로 메뉴가 펼쳐진다. 그중에서 '전자소송사건등록'을 클릭하여 현재 진행 중인 나의 소송을 전자소송포털에 등록하도록 하자.

사건을 등록하고 난 뒤 전자소송포털 첫 화면으로 돌아온다. 아래 그림과 같이 화면 중간에 '나의사건관리' 항목을 클릭한다.

'나의사건관리' 항목을 클릭하면, 아래 그림과 같이 내가 진행 중인 사건 목록을 조회할 수 있는 창이 나온다. 처음 창이 열리면 아무것도 표시되지 않지만, 오른쪽 중간쯤에 있는 '조회'라는 초록색 상자를 한번 눌러 주면, 현재 내가 진행하고 있는 모든 사건이 표시된다. 아래 그림은 필자의 '나의사건관리' 화면이다.

    각 사건의 오른쪽에는 '메뉴선택'이라는 상자가 하나 있다. 이것을 클릭하면 여러 메뉴가 아래로 펼쳐지는데, 제일 앞에 나타나는 '사건기록열람'을 클릭하면, 다음 그림과 같이 그 사건에 현재 제출된 서류를 전부 볼 수 있는 새로운 페이지가 열린다. 새로운 페이지 가운데는 서류의 내용이 표시되고, 왼쪽에는 날짜별로 제출한 서류 목록이, 오른쪽에는 증거 또는 첨부서류 등의 목록이 표시된다. 왼쪽과 오른쪽에서 내가 보고 싶은 서류를 클릭하여서 확인하면 된다.

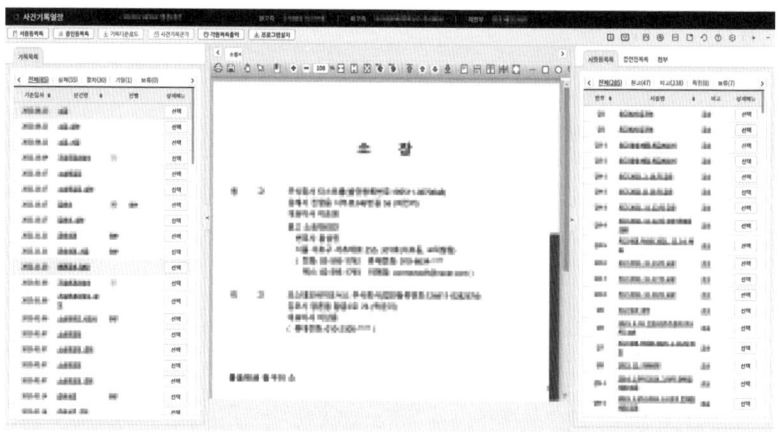

이 책은 변호사 선임과 관련한 내용을 다루는 책이므로, 전자소송의 사용 방법에 대한 자세한 설명은 줄이도록 한다.

마.
담당변호사가 소송 진행 중 퇴사했을 때

필자는 꽤 많은 분으로부터 "제가 소송이 있어서 ○○법무법인을 선임했는데요. 담당변호사가 퇴사했다고 하네요. 이거 괜찮은 건가요?" 하는 질문을 받곤 한다. 사실 필자도 변호사가 된 직후에는 로펌에 취업하였고 그 뒤로 몇 년간 고용변호사로서 일을 하였는데, 고작 몇 년뿐이지만 그 기간 동안 꽤 많은 이직을 했다. 지금은 다 추억이 되었지만 정신적·육체적으로 상당히 힘든 기간이었는데, 사실 소송시장에 뛰어든 신입 변호사 중 상당수가 이 시기에 '소송을 주 업무로 하는 변호사'에 학을 떼고 사내변호사 등으로 진로를 변경하곤 한다. 직접 경험한 사람으로서 고용변호사로서의 고충은 1주일을 이야기해도 모자랄 정도로 많지만, 지금 돌이켜 보면 좋은 사람들을 많이 만났고, 많은 깨달음을 얻었던 시간이었다. 아무튼 필자가 하고 싶은 이야기는, 고용변호사가 근무하던 로펌을 그만두는 것은 아주 흔한 일이니 그 고용변호사의 퇴사 그 자체가 문제라고 보기는 어렵다는 점이다. 문제는, 담당변호사가 퇴사한 경우 내 사건은 로펌 안에서 어떻게 취급되는가에 관한 것이다.

앞 2. 라. 항에서 로펌의 구조에 관해 설명한 바와 같이, 변호사가 여러 명 근무하는 로펌의 경우, 대개 상담하는 변호사(또는 사무장)와 실제 사건을 처리하는 변호사는 다른 경우가 많다. 사실 가장 바람직한 형태는 상담을 진행한 변호사가 담당변호사와 함께 사건을 처리해 나가는 방식이다. 그러나 로펌에서 처리 중인 사건 수가 많을수록, 로펌의 규모가 커질수록, 상담을 진행한 변호사가 준비서면을 작성하고, 재판에 출석하는 등으로 사건을 직접 수행까지 하기는 어렵다. 이런 경우 대표변호사 또는 파트너변호사는 상담을 통해 새로운 사건을 수임하는 데 전념하고, 그 로펌에 소속된 다른 변호사가 사건 담당변호사가 되어, 사건을 도맡아 처리하는 경우가 많다.[17]

담당변호사가 퇴사하면 곧 새로운 담당변호사가 배정되는데, 퇴사한 변호사와 함께 일하던 다른 변호사에게 내 사건이 배정되는 경우보다는, 로펌을 퇴사한 변호사를 대체하는 새로운 변호사가 입사하여 퇴사한 변호사의 사건을 전부 인수·인계받는 방식으로 새로운 담당 변호사가 배정되는 경우가 많다.[18] 그런데, 새로운 변호사가 로펌에 입사하여 퇴사한 변

---

[17] 어떤 변호사가 대표변호사거나 파트너변호사로서 사건을 직접 상담하고 수임하였다면, 퇴사할 때 자신이 사건을 가져가, 이직한(또는 개업한) 직장에서 소송이 끝날 때까지 사건을 직접 수행하는 경우가 대부분이다. 이 경우에는 변호사가 사건을 잘 알고 있으므로 크게 걱정할 일은 없다. 반면 담당변호사가 퇴사하였는데 내 사건이 로펌에 그대로 남아 있다면 퇴사한 변호사는 고용변호사일 가능성이 높다. 이 글에서 말하는 경우는 내 사건을 담당하던 변호사가 고용변호사인 경우이다.
[18] 물론 담당변호사가 퇴사하는 상황을 염두에 두고 한 사건에 대해 1차 담당변호사와 2차 담당변호사를 지정해 두는 시스템을 갖추어, 담당변호사 퇴사 시 벌어질 수 있는 부작용을 최소화하는 로펌들도 있다. 그러나 로펌 대부분은 한 개의 사건에 담당변

호사가 담당하던 사건을 인수·인계받는다고 하더라도, 새로운 담당변호사는 한꺼번에 수십 개의 사건을 파악해야만 하는 상황에 놓이게 되므로, 그 사건들을 모두 파악하기 위해서는 어느 정도 시간이 필요하다(필자가 경험한 바에 따르면 평균적으로 2~3개월 정도의 시간이 필요한 것으로 보인다). 따라서 담당변호사가 퇴사한 경우, 그 변호사가 담당하던 사건들은 새로운 담당변호사가 배정되기 전까지는 일시적으로 공중에 붕 뜬 상태가 되고, 그러한 상태는 새로운 담당변호사가 사건들을 모두 파악할 때까지 계속될 수밖에 없다.

그러나 소송은 일반적으로 변론기일에 맞춰 준비서면을 제출하거나 사실조회 또는 문서제출명령을 신청하는 등, 그때그때 필요한 조치를 하면 큰 문제 없이 진행되는 것이 보통이다. 대부분 소송에서 변론기일은 약 1~2개월의 간격을 두고 진행되므로, 담당변호사가 변론기일이 먼저 돌아오는 사건 순서대로 업무를 처리해 나간다면, 소송이 원활하게 진행되는 데 아무런 문제가 없다. 따라서 담당변호사의 퇴사로 인해 내 사건이 잠시 담당자 없이 공중에 붕 뜬 상태가 되었다고 하더라도, 당장 무슨 일이 생기는 것은 아니니 너무 걱정할 필요는 없다.

한편, 새로운 담당변호사는 의뢰인의 사건을 포함한 다수의 사건을 한

호사를 1명만 지정하는 것이 현실이고, 2명 이상의 담당변호사가 지정되어 있다고 하더라도 내가 주로 담당하지 않는 사건까지 구체적으로 파악할 만한 근무 여건이 되는 곳은 많지 않다.

꺼번에 파악해야 한다. 그런데 변호사도 사람인지라, 수십 건의 사건을 단 며칠 만에 파악하는 것은 불가능하다. 간혹 "변호사라면 그렇게 해야 하는 것 아니냐."라고 이야기하는 사람도 있지만, 변호사가 그러한 방식으로 사건을 파악한다면 그 변호사는 모든 사건을 수박 겉핥기 정도로만 파악할 수밖에 없을 것이다. 그중에는 내 사건도 포함되는 것이므로, 길게 봤을 때 변호사에게 짧은 시간에 수십 건의 사건을 전부 파악하라고 요구하는 것은 나에게도 결코 바람직하지 않은 결과를 발생시킬 가능성이 높다. 너무 당연하게도, 사건을 깊이 있게 파악하고 올바른 방향으로 처리하기 위해서는 그만한 시간이 필요하다.

강제추행(성추행) 혐의로 고소당한 남성 A의 사건이다. A는 자동차 안에서 여성 B를 강제로 추행하였다는 혐의로 B로부터 고소를 당하였다. B의 주장에 따르면, A와 B는 본래 서로 알고 지낸 사이였는데, 그날따라 A가 B와 함께 자동차에 탑승해 있는 상황을 이용해 강제로 B의 손을 만졌다는 것이었다. 경찰은 B의 주장을 사실이라고 인정하고 A의 사건을 검찰에 송치하였다. A는 이 사건에 적극적으로 대응해야겠다고 생각하던 중 필자를 찾아오게 되었다.

앞서 본 바와 같이 B의 주장은 간단했다. A가 차 안에서 자기 의사에 반해 B의 손을 만졌다는 것이었다. 그러나 A의 이야기는 달랐다. B는 사건 당시 개인 커피숍을 운영하고 있었고, A는 그 커피숍의 아르바이트를 하고 있었는데, 오랜 기간 아르바이트를 하며 A는 B를 좋아하게 되었다. 당시 B의 커피숍은 장사가 잘 안되었는데, 사실 커피에 대해서는 사장인 B보다 A가 더 많은 경험과 노하우를 가지고 있었다. A는 시간제 아르바이트였음에도 불구하고 B의 커피숍을 위해 밤낮 가리지 않고 열심히 일했고, 그 덕에 B의 커피숍은 준수한 매출을 올리게 되었다. 그러면서 B도 서서히 A에게 호감을 느끼게 되었고, 결국 둘은 연인 사이로 발전하였다. 그러나 그것도 잠시, A와 B는 성격 차이가 심했고, 그로 인해 B는 A에게 가졌던 호감이 빠르게 식었다. 그러나 A는 오랜 기간 B를 좋아하고 있었기에, 어떻게든 B의 마음을 잡아보려고 했다. 그러던 와중에 A와 B는 차 안에서 서로 말다툼을 벌이게 되었고, 그 과정에서 A는 B의 손에 자기 손을 접촉하였던 것이었다. 즉, A가 B의 손을 만진 것은 사실이지만, A의 의사에 반하여 강제로 접촉한 것인지는 명확하지 않은 상황이었던 것이다. 또한, A에게 위와 같은 상황에서 B를 강제로 추행할 의도가 있었다고 보아야 하는지도 의문이었다.

위와 같은 사실만 놓고 본다면, A는 무혐의를 주장할 수도 있는 상황이었다. 그러나 이미 경찰이 A의 성추행 혐의를 인정한 상황에서, A가 무혐의를 주장하기는 많은 부담이 따랐다. 무혐의 주장이 받아들여지지 않는다면, A는 최종적으로 법원에서 벌금 또는 징역형의 집행유예를 받고, 이후 B로부터 민사 손해배상 청구소송까지 당할 수도 있었기 때문이었다. A가 성추행 혐의를 벗어나기 어렵다고 가정한다면, A는 차라리 자신의 혐의를 모두 인정하고, B와의 합의를 통해 기소유예처분을 기대하는 것이 나을 수도 있었다. 다만 B의 현재 태도를 보았을 때, A와 합의를 하더라도 A에게 적지 않은 합의금을 지급해야만 할 것으로 예상되었다. 또한 이 경우, B와의 합의가 최종적으로 결렬된다면, A는 이미 자기 잘못을 인정하였으므로 무혐의를 주장할 기회를 사실상 잃게 되는 것이었다. 그렇게 되면 A는 자신의 억울한 사정을 단 한 번도 제대로 이야기하지 못한 채 형사소송에서는 유죄가, 민사소송에서는 손해배상소송의 패소판결이 선고될 것이기에, 처음부터 무혐의를 주장하여 실패한 것보다도 더 좋지 않은 결과를 맞게 될 가능성이 높았다. 이처럼 언뜻 간단해 보이는 문제도, 뒤따라올 결과들을 생각하면 쉽게 결정하기 어려운 경우가 매우 많다.

이처럼, 변호사에게는 사건에 대해 깊이 생각하고 고민할 시간이 반드시 필요하다. 그러나 의뢰인으로서, 그저 로펌을 무턱대고 믿고 마냥 기다릴 수는 없는 노릇이다. 이러한 상황에서 의뢰인은 어떻게 대처하는 것이 좋을까?

필자의 의견은 이렇다. 일단 새로운 담당변호사가 배정될 때까지 기다린다. 만약 1달이 지나도록 새로운 담당변호사가 계속 배정되지 않는다면 로펌에 독촉해도 좋다. 이후 담당변호사가 배정이 되었다면 변호사에게 연락해서 내 사건의 변론 또는 공판기일이 언제인지 확인한다. 그리고 적절한 시기에 변호사와 약속을 잡고, 변호사와 만나 사건에 관해 이야기를 나누어 보도록 하겠다. 단, 변호사와 만나는 목적은 그 자리에서 내 사건을 100% 이해시키려고 하는 것이 아니다. 사건이라는 것이 짧은 시간 이야기를 나눈다고 해서 전부 파악될 수 있는 것은 아니므로 욕심은 버리는 것이 좋다.

첫 번째 목적은 변호사에게 나의 사건을 한 번 상기시켜 주는 것이고, 두 번째 목적은 의뢰인인 내가 사건에 신경을 쓰고 있다는 것을 알려주는 것이다. 그리고 세 번째 목적은 변호사와의 만남을 통해 사건과 관련된 어떠한 일이든 편하게 연락할 수 있는 관계를 설정해 놓는 것이다. 모든 변호사가 다 낯선 사람에게 어떤 두려움도 없이 연락하고, 나쁜 소식도 무덤덤하게 전달할 수 있는 것은 아니다. 아직 만나보지 않은 의뢰인에게 두려움을 느끼는 변호사도 많다. 따라서 미팅을 통해 의뢰인과 변호사 간에 벽을 어느 정도 허물어, 향후 변호사와 협력하여 사건을 원만히 진행할 수 있는 여건과 환경을 만든다고 생각하면 좋을 것이다.

이러한 방법으로 새로운 담당변호사에게 내 사건에 대해 상기시키고, 변호사로 하여금 의뢰인인 내가 이 사건의 진행에 얼마든지 힘을 보탤 수 있다는 것을 보여 주면, 변호사로서도 편한 마음을 가지고 시간을 두고 사건을 파악할 수 있게 될 것이다. 그 과정에서 의뢰인에게 조급하고 불안한 마음이 드는 것은 당연하다. 그러나 내 사건의 원활한 처리를 위해 조급한 마음은 잠시 내려놓고 변호사가 사건을 원활하게 처리할 수 있는 방향으로 이끌어 가기를 바란다.

바.
사무장이란

　사무장이란, 쉽게 말해 로펌의 여러 직원 중 사건 처리에 관여하는 직원을 의미한다. 직함은 참으로 다양하다. 사무장이라는 직함을 사용하는 경우가 가장 많긴 하지만 '국장', '소장', '팀장', '실장', '본부장', 심지어 '사무총장'이라는 직함을 쓰는 사람도 있었다. 직함과 관계없이, 사건에 관여하는 직원이라면, 그들은 모두 '사무장'이라고 볼 수 있다.

　많은 사람이 사무장에 대해 부정적인 인식을 가지고 있다. 그러나 지금까지 수많은 사무장을 만나고 겪어 온 필자의 관점에서 사무장에 대해 확실하게 말할 수 있는 부분이 있다. 사무장이 있고 없고가 중요한 것이 아니라, 결국 그 사람이 어떤 사람이냐가 중요하다는 사실이다. 평소에 좋은 사람이라면 사무장으로서도 좋은 사무장이 되지만, 평소에 인성이 글러 먹은 사람이라면 사무장으로서도 글러 먹은 사무장이 된다.

　사무장을 부정적으로 생각하는 사람들은 대개 '사무장은 사기꾼이고 변호사는 그렇지 않다.'라는 인식을 가지고 있다. 그러나 사무장이라고 해서 다 사기꾼인 것은 아니고, 변호사라고 해서 모두 정직한 사람인 것도 아니다. 따라서 어떤 로펌에 사무장이 있거나 없다는 사실로 그 로펌이 좋은 곳인지 나쁜 곳인지, 정상인지 비정상인지 판단할 수는 없는 것이다.

바람직한 사무장의 역할은 변호사의 사건 처리를 보조하는 것이다. 변호사를 보조하는 방법은 매우 다양할 수 있다. 어떨 때는 변호사를 대신해 상담할 수도 있고, 어떨 때는 현장에 나가 증거를 수집할 수도 있으며, 의뢰인이 건네준 자료를 정리할 수도 있다. 또한, 굳이 변호사에게 대답을 들어야만 할 필요성이 없는 의뢰인의 궁금증, 예를 들면 상대방이 변호사를 선임했는지 안 했는지, 준비서면이 제출됐는지 안 됐는지 등의 질문은, 사무장에게 물어보는 것이 의뢰인에게 더 편하게 느껴질 때도 있다. 변호사로서도 사무장이 있으면 업무가 훨씬 수월해지는 경우가 많다. 예를 들어 어떤 소송의 변론기일이 다른 소송의 변론기일과 중복되어 변경해야 한다거나, 상대방 주소를 파악하기 위해 법원의 보정명령이 필요한데 법원이 이를 내려주지 않아 재판부에 문의해야 할 때,[19] 상대방 로펌과 합의를 위해 서로의 조건을 조율해야 할 때 등, 소송에서 일어나는 자잘한 절차적인 업무들을 사무장이 대신 처리해 준다면, 변호사도 소송 진행을 위한 서면 작성과 각종 기일 출석 업무에 더욱 충실할 수 있을 것이다. 즉, 사무장이 본연의 역할을 충실히 수행하기만 한다면, 사무장이 없

---

[19] 원고가 소송을 제기한 경우, 소송이 진행되기 위해서는 소장이 피고에게 송달되어야만 하는데, 피고의 현재 주소지가 불명확하여 피고에게 송달시킬 수 없는 때도 있다. 만약 원고가 피고의 성명과 주민등록번호 또는 성명과 주민등록상 전입신고가 된 적이 있던 주소를 알고 있다면, 법원의 보정명령을 통해 피고의 주민등록초본을 발급받아 현재 전입신고가 된 주소를 알아낼 수 있다.

는 것보다 훨씬 더 좋은 효과를 일으킬 수 있는 것이다.

그러나 분명히 이야기할 수 있는 것은 사무장에게는 어떠한 결정권도 없다는 것이다. 사무장의 모든 활동은 변호사의 감독과 승인을 받아야 할 수 있는 것들이다. 따라서 사무장이 변호사와의 상의 없이 사건에 관한 결정을 혼자 내리고 실행한다면, 그 사무장은 올바른 사무장이라고 볼 수 없다. 다른 한편으로, 사무장에게 업무를 지시하고 감독하는 것은 변호사이므로, 어떠한 사무장에게 문제가 있다는 것은 그를 감독하는 변호사와 그 로펌 자체에 문제가 있다는 것을 의미한다. 즉, 변호사가 아무런 문제가 없는데 사무장만 이상한 사람일 수 없는 것이고, 사무장은 아무런 문제가 없는데 변호사만 비정상적일 수는 없는 것이다. 결국, 어떠한 사무장이 괜찮은 사람인지 아닌지는 본질적으로 그 로펌이 괜찮은 곳인지 아닌지, 변호사가 좋은 변호사인지 아닌지를 구별하는 문제와 같다고 볼 수 있다. 따라서 앞서 길게 언급한 바와 같이, 좋은 변호사를 찾기 위해서는 많은 상담이 필수적인 것처럼, 사무장이 정상적인지 아닌지 판단을 내리기 위해서도, 마찬가지로 여러 사무장 또는 여러 변호사의 상담을 받아 보는 것이 매우 중요하다는 사실을 다시 한번 강조하고 싶다.

그와 함께 전통적인(?) 사무장 판별법도 여전히 유용하다. 예를 들어, 어떠한 사건에 대해 사무장과 상담한 후 변호사와의 상담 없이 계약서에 서명을 요구한다거나, 변호사를 만나게 해 달라고 해도 만나게 해 주지 않는다거나, 어렵사리 변호사를 만나도 사건에 대해 길게 이야기해 주지 않는다면, 그 로펌이 과연 정상적으로 돌아가고 있는가를 한 번쯤 의심해 볼 필요가 있다. 사무장이 그 로펌의 대표변호사에 대해 온갖 좋은 이야기를 끝도 없이 늘어놓을 때도 그 사무장과 로펌에 대해 의심해 볼 필요가 있다. 또한 사무장이 무조건적인 승소를 자신하거나, 자신의 인맥을 동원하여 사건을 처리해 주겠다고 하는 등 변호사도 할 수 없는 일을 할 수 있는 것처럼 이야기해도 마찬가지이다. 또한, 능력 있고 정상적인 사무장은 많은 사람들과 인연을 맺어 온 경우가 많으므로, 누군가에게 사무장을 소개받았다면 그 주변의 사람들에게 사무장에 관해 물어보는 것도 좋은 방법이다.

한편, 많은 이들이 일명 '사무장펌'이라고 불리는 로펌에 대해 걱정한다. 그런데 한 가지 알아 두어야 할 사실은 '사무장펌'이라고 불리는 로펌은 '사무장이 존재하는 로펌'이라는 의미가 전혀 아니라는 점이다. 사무장펌의 의미는 그 로펌의 진짜 주인이 사무장이라는 의미이다. 일반인으로서는 어떻게 사무장이 로펌의 주인이 될 수 있는지 선뜻 이해가 가지 않을 수 있다. 그러나 병원도, 약국도, 공인중개사 사무실도, 돈 있는 사람이 사무실을 만들고, 자격증을 보유한 사람을 고용하는 방식으로 운영·적발되는 사례들을 보면, 사무장이 주인인 로펌이 어딘가에 존재할 수도 있음을 짐작할 수 있을 것이다. 이런 사무장펌에서는 사무장이 대표이다. 사무장이 이런저런 사업체를 운영하면서, 자신의 사업과 관련된 소송을 처리하기 위해 변호사를 고용하여 그 변호사 이름으로 로펌을 차린 경우, 또는 실질 대표인 사무장이 어떤 분야에 엄청난 인맥을 가지고 있어 인맥을 통해 사건을 수임하여 자신의 고용변호사에게 맡기는 경우 등이 있다. 예전엔 이러한 사무장펌이 상당수 존재했던 것이 사실이다. 그러나 요즘에는 변호사 숫자의 증가와 인터넷 광고의 발달로 인해 앞서 언급한 형태의 사무장뻠을 보기는 쉽지 않게 되었다. 따라서 어떤 로펌에 단지 사무장이 존재한다는 이유만으로 그 로펌이 말로만 듣던 사무장뻠 아닌가 하고 겁먹을 필요는 없다.

다시 말하지만 '사무장'의 존재 자체가 문제가 될 것은 없다. 그 사람이 어떠한 사람인지가 중요한 것이고, 넓게 봤을 때 그를 고용한 변호사가, 그가 소속되어 있는 로펌이 어떤 곳인지가 중요한 것이다. 결국 의뢰인에게 중요한 것은 좋은 변호사이다. 좋은 변호사, 좋은 로펌을 찾는 방법은 많은 상담뿐이라는 점을 명심하자.

사.
1심, 2심, 3심 다른 변호사를 선임해야 할까

　소송이 1심에서 끝나지 않고 2심, 3심으로 이어질 때, 계속 같은 변호사를 선임해야 할지, 아니면 다른 변호사를 선임해야 할지 고민하는 의뢰인들이 많다. 이러한 고민은 대개 1심에서 패소하였을 때 찾아온다. 답은 간단하다. 1심을 시작하기 전에 변호사 선임을 위해 많은 상담을 받았던 것처럼, 1심 결과를 두고 또다시 많은 상담을 받아 보는 것이다. 1심이나 2심이나 3심 가릴 것 없이 좋은 변호사를 선임하는 방법은 많은 상담뿐이다. 특히나 1심에서 패소한 경우에는 그 결과를 최대한 객관적으로 바라보고, 1심의 소송 진행 과정을 냉정하게 분석하여 패인을 찾아내야 하므로, 더더욱 많은 변호사와 상담을 받아야만 한다.

> 남자 A와 여자 B의 사건을 예로 들어보겠다. 휴가지에서 만난 A와 B는 서로에게 첫눈에 반하게 되었고, 얼마 지나지 않아 연인 관계로 발전하게 되었다. 그런데 알고 보니 당시 이 두 사람에게는 넘어야 할 큰 문제가 몇 가지 있었는데, 그중 하나는 B가 기혼자였던 점이고(결국 이 둘의 관계는 불륜 관계였던 것이다), 또 하나는 둘의 나이 차이가 10살이 넘게 난다는 점(여자 B의 나이가 많음)이었다. 서로의 사랑이 불타오를 때만 해도 위와 같은 사정은 둘 간의 사랑에 아무런 영향을

끼치지 못했다. 그러나 시간이 지날수록 이러한 문제는 현실로 다가오게 되었고 B는 A가 이러한 문제로 인해 자신에게 이별을 통보할 것이 불안했다. 이에 B는 서로의 불타는 사랑이 식지 않았을 무렵 A에게 자신을 사랑하는 마음을 보여달라고 요구하기 시작하였고, 그 사랑을 '돈'으로 표현해달라고 애원했다. A는 B의 반복된 요청을 거절하지 못하고 B에게 'A는 지금으로부터 약 5년 뒤부터(A가 취업할 것으로 예상되는 시점) 시작하여 매달 100만 원씩 총 1억 원을 B에게 지급한다. 약속을 어길 시 1억 원을 일시에 지급한다.'라는 공정증서[20]를 작성해 주었다.

그러나 둘의 사랑은 오래가지 못하고 약 1년 후 헤어졌는데, B는 헤어진 이후에도 공정증서의 존재를 계속 기억하고 있었다. 몇 년 후, B는 A에게 '위 공정증서에 기한 강제집행을 실시할 예정이니, 그 전에 공정증서에 기재된 돈을 지급하라.'라는 내용증명을 발송하였다. 그러나 A로서는 B와 헤어진 지 오래 지났기 때문에 A가 실제로 자기 재산에 강제집행을 실시하리라 생각하지는 않았다. 이후 A가 B의 내용증명우편에 대해 답변하지 않자, B는 공정증서를 바탕으로 A의 통장을 압류했다. 이에 A는 더 이상의 강제집행을 막기 위해 법원에 강제집행정지를 신청한 뒤, B가 가진 공정증서상의 채권은 무효라는 청구이의의 소를 제기하였다.

소송에서, 이 공정증서의 작성 경위에 대해 A는 'B가 자신을 사랑하는 마음을 보여 달라고 하여 작성하게 된 것이다.'라고 주장하였다. 이에 대해 B는 반대로 'A가 나에게 사랑하는 마음을 보여 주겠다고 하며 자진해서 작성한 것이다.'라고 주장했다. 누구 말이 진실인지는 모르나, 어쨌든 이 공정증서가 '사랑하는 마음'과 관련이 있다는 것은 서로 간에 이견이 없었다. 1심을 맡은 A의 변호사는 A와 B가 작성한 공정증서가 비진의 의사표시(민법 제107조 제1항), 착오(민법 제109조 제1항)에 의한 의사표시, 사기에 의한 의사표시(민법 제110조 제1항)를 바탕으로 작

---

[20] 공정증서란 공증 인가를 받은 로펌에서 하는 것으로서, 통상 집행력이 있는 약속증서라고 생각하면 된다. 즉, 공정증서상의 약속을 지키지 않을 경우, 채권자는 그 공정증서를 바탕으로 판결문 없이 상대방의 재산에 강제집행을 할 수 있다.

성된 것으로서 무효(또는 취소)라고 주장하였다. 그러나 법원은 이러한 주장들을 받아들이지 않았고, B의 채권은 살아 있으므로 A에 대한 통장 압류는 적법하다고 판결했다.

이후 A는 항소심을 앞두고 몇 명의 변호사에게 상담받다가 필자를 찾아왔다. 이야기를 나누고 판결문을 살펴보니 비진의 의사표시, 착오에 의한 의사표시, 사기에 의한 의사표시에 대해서는 1심에서 이미 열심히 주장해 놓았던 터라, 이 부분에 대해 필자가 보탤 것은 없어 보였다. 다만 1심에서 주장하지 않았던 한 가지가 있었는데, 바로 필자가 형사 성공보수 무효와 함께 언급했던 '민법 제103조에 의한 무효' 주장이었다. 필자는 위 공정증서가 '선량한 풍속 기타 사회 질서'에 위반되는 것으로서 민법 제103조에 의해 무효로 판단될 가능성이 높다고 판단했다. 그 이유는 이렇다. 만약 A와 B가 나중에 결혼한다고 가정하면, A가 B에게 1억 원을 지급해도 어차피 가정의 생활비로 지출될 것이기에 A가 1억 원을 실질적으로 지출한 것은 아니다. 그러나 만약 두 사람이 헤어진다는 것을 가정하면, A가 B에게 지급하는 1억 원은 A가 관여할 수 없는 B의 돈이 되는 것이므로, A는 1억 원의 순지출을, B는 1억 원의 순수익을 올리는 것이 된다. 즉, A가 1억 원의 손실을 피하기 위해서는 B와 결혼해 죽을 때까지 함께 살아야만 했다. 결국 위 공정증서는 A가 B와 헤어지지 못하게 만드는 족쇄로서 A의 의사 결정을 심각하게 구속하는 장치인 셈이었다. 이와 관련하여, 다수의 하급심 판례는 개인의 의사 결정을 심각하게 구속하는 내용의 각서를 민법 제103조에 의해 무효라고 판단하고 있었다.[21] A는 필자를 포함한 여러 변호사에게 상담을 받은 끝에, 필자와 함께 항소심에서 민법 제103조 무효를 주장하는 방향으로 소송을 진행해 보기로 하였다.

필자는 항소심에서 기존 주장을 모두 유지하며 민법 제103조의 내용을 추가로 주장하였다. 이에 대해 B는 '이 공정증서는 상대방이 자진해서 작성해 준 것으로

---

21) 서울중앙지방법원 2020. 1. 17. 선고 2019가합42516 판결 등

> 서 채무자의 의사 결정을 구속하지 않는다.'라고 반박하였다. 그러나 항소심 법원은 두 사람의 구체적인 사정(나이 차이, 불륜 관계, 채무자의 수입 변화 등)을 고려해 볼 때 위 공정증서는 선량한 풍속 기타 사회 질서에 위반되는 것으로서 민법 제103조에 의해 무효라고 판단하였고, 1심을 뒤집어 A의 손을 들어주었다.

필자는 A가 항소심을 앞두고 여러 변호사에게 상담받았던 것이 승소의 중요한 요인이 되었다고 생각한다. 1심 패소판결을 가지고 여러 변호사에게 의견을 묻는 과정에서 민법 제103조 무효와 관련한 필자의 의견을 들었던 것이 항소심 승소로 연결되었던 것이다. 물론 객관적으로 볼 때, A의 입장에서 할 수 있었던 주장은 비진의 의사표시, 착오 또는 사기에 의한 의사표시, 그리고 반사회질서 법률행위에 따른 무효 주장 정도밖에 없었으므로, 1심을 담당했던 변호사가 항소심을 그대로 진행했었더라도 민법 제103조 위반을 추가로 주장했을 가능성이 없지는 않다. 그러나 이미 사건에 오랜 기간 사건에 매몰된 사람이 같은 사건을 계속 진행하다 보면, 아무래도 여러 각도에서 사건을 조망하기가 쉽지 않을 수 있기에, 사건을 접해보지 않은 제3자로 하여금 선입견이 없는 상태에서 해당 사건을 새롭게 검토하도록 하는 것이 더 나은 선택이 될 것이다. 1명의 사람에게 모든 판단을 맡기는 것이 좋을까. 아니면 여러 사람의 의견을 듣고 그 의견들을 바탕으로 계획을 세우는 것이 좋을까. 답은 명확하다.

1심이든 2심이든 3심이든 가능한 많은 변호사에게 상담받자. 그것만이 승소 가능성을 높이는 가장 좋은 방법이다.

아.
변호사 선임계약을 해지하고 새로운 변호사를 선임해도 괜찮을까

　필자는 의뢰인들로부터 자신이 선임한 변호사에 대한 불만이나 하소연과 관련한 상담을 꽤나 빈번하게 받는다. 의뢰인 대부분은 필자에게 하소연한 뒤, 다시 한번 마음을 다잡고 자신의 변호사와 끝까지 잘해 보겠다는 것으로 상담을 마무리하지만, 그중 일부는 기존 변호사를 해임하고 다른 변호사를 선임할 것을 심각하게 고민하기도 한다. 결론적으로 이야기하면, 기존 변호사에 대한 해임과 새로운 변호사 선임에 대한 제한은 어디에도 없다. 따라서 의뢰인은 기존 변호사에 대한 불만과 새로운 변호사를 선임했을 때의 불편함(사건을 처음부터 다시 설명하고 증거자료를 다시 전달해야 하는 등), 추가로 발생하는 변호사 선임료 등을 비교하여 스스로 결정하면 된다.

　다만 필자는 변호사가 아무리 마음에 들지 않는다고 하더라도 웬만하면 그 변호사와 판결이 선고될 때까지 함께 가는 것이 좋다는 견해를 가지고 있다. 필자의 경험상, 법률 지식이 너무 형편없어 사건을 패배할 수밖에 없는 변호사는 거의 없었다. 또한 의뢰인과 성격이 잘 맞는 변호사가 객관적으로도 유능한 변호사라고 단정할 수도 없을 것이다. 변호사에 대한 불만은 업무 스타일과 의사소통 방법에서 비롯되는 경우가 많은데, 이는 승소와 패소를 결정할 만한 중요한 부분은 아니다. 더욱이 의뢰인과 변호사가 의견이 다르다는 것은 그만큼 사건을 다양한 각도에서 볼 수 있다는 것을 의미하기도 하는 것이므로, 전체적인 관점에서는 오히려 좋은 효과를 낼 수도 있다. 또한, 새로운 변호사를 선임하기 위해서는 여러 변호사에게 또다시 상담받아야 하고, 변호사가 정해지면 사건에 대해 처음부터 다시 설명해야 하며, 증거도 전부 다시 전달해야 하는데, 이는 의뢰인에게 쉽지 않은 일이다. 더욱이 새로운 변호사를 선임하면 선임료도 다시 지불해야 한다(기존 변호사에게 지불했던 선임료를 환불받을 가능성도 희박하다). 이러한 점을 종합적으로 고려하면, 기존 변호사가 마음에 들지 않는다고 하더라도 변호사를 당장 해임하고 다른 변호사를 찾기보다는, 변호사와의 대화와 소통을 통해 사건을 이끌어 가는 것이 더 나은 판단이라고 볼 수 있다.

한편, 간혹 의뢰인이 마음에 들지 않는 변호사와 옥신각신하며 소송을 진행하다 판결선고기일이 다가온 경우, 변호사에게 지급할 성공보수가 아까워 기존 변호사를 해임하고 새로운 변호사를 선임하는 방식(새로운 변호사와는 성공보수 약정을 하지 않는 방식으로)으로 성공보수를 아끼려 하는 경우가 있다. 그러나 이는 대단히 위험한 생각이다. 로펌 대부분에서 사용하는 변호사 선임계약서에는 변호사가 소송업무를 위해 상당한 노력이 투입된 상태에서 정당한 사유 없이 변호사 선임계약을 해지하는 경우, 계약이 해지되더라도 의뢰인은 변호사에게 성공보수를 지급해야 하는 규정이 존재한다. 또한, 이와 같은 계약 조항이 존재하지 않더라도, 객관적인 관점에서 기존 변호사가 승소에 필요한 모든 주장과 입증을 하였다면, 사건이 종료되기 전에 의뢰인과 변호사 간의 선임계약이 해지되었다고 하더라도, 의뢰인은 기존 변호사에게 성공보수를 지급하여야 한다는 것이 법원의 일반적인 태도이다. 따라서 승소가 매우 유력해진 시점에 기존 변호사와의 계약을 해지하고 새로운 변호사를 선임하는 방식으로는 성공보수 지급 의무를 회피하기는 어렵다고 보아야 한다. 이러한 상황은 성공보수를 줄이고자 의도적으로 기존 변호사를 해임하는 경우뿐만 아니라, 해임 시점이 의도치 않게 선고를 앞둔 시점인 경우에도 발생할 수 있으므로, 기존 변호사와의 계약을 해지하고 새로운 변호사를 선임하고자 하는 의뢰인들은 위와 같은 상황이 벌어지지 않도록 조심할 필요가 있다.

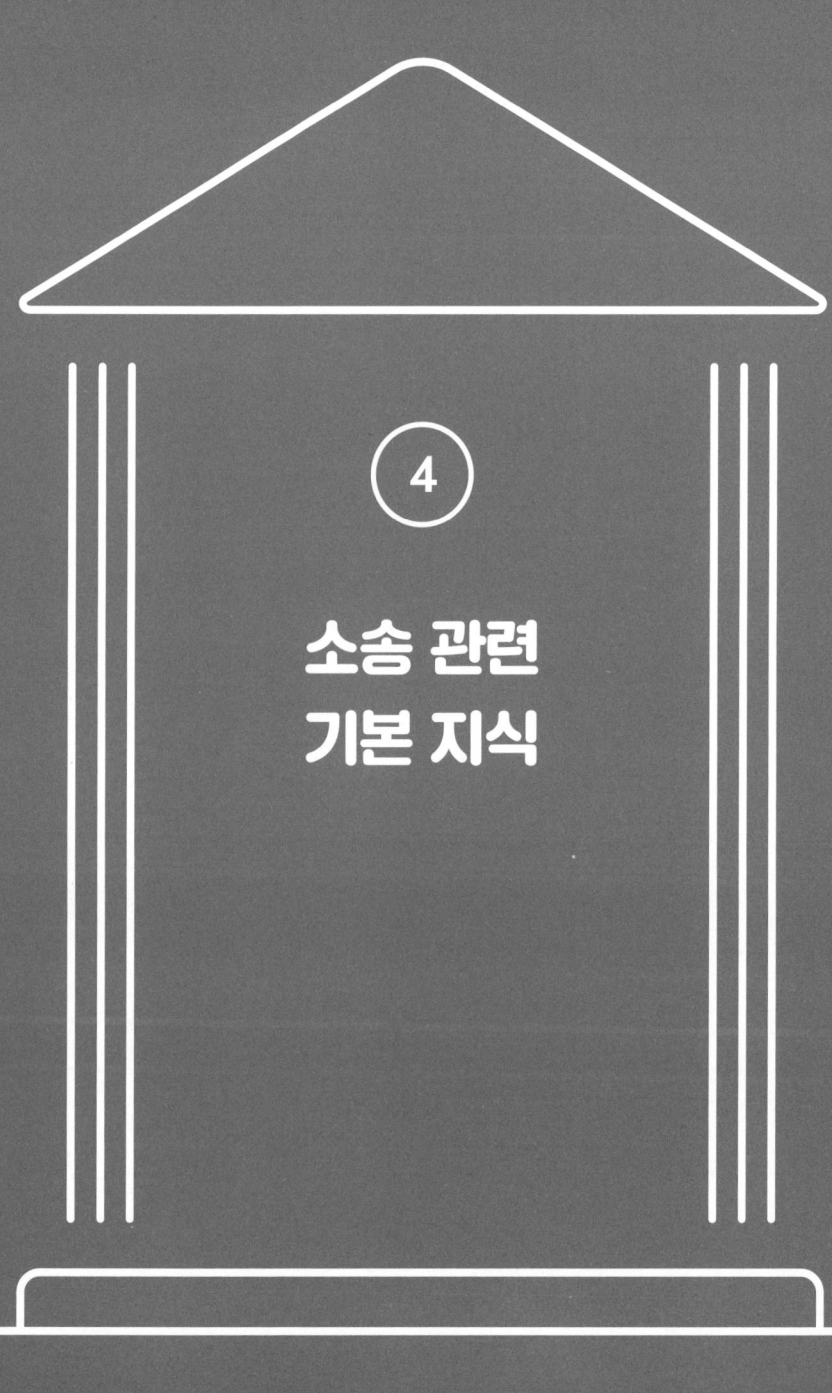

가.
민사·행정소송의 진행 과정

1) 민사, 행정소송의 진행 과정

민사소송과 행정소송의 진행 방식은 유사하다. 민사소송과 행정소송의 진행 과정을 최대한 간단히 설명하도록 한다.

- 원고가 법원에 소장 접수

- 법원이 피고에게 소장 송달(우편)
  피고가 주민등록초본상 최후주소지에서 소장을 받지 않을 경우 공시송달로 진행
  피고의 주민등록초본상 주소를 찾아내는 것은 원고의 몫

- 피고가 소장을 받고 답변서 제출
  피고가 소장을 송달 받고도 답변서를 제출하지 않으면 원고 무변론 승소 판결

- 몇 차례 변론기일 진행
- 원·피고 서로 준비서면 및 증거제출
- 각종 사실조회, 제출명령, 감정, 검증, 증인신문 등의 절차 진행
- 몇 차례 조정기일이 진행되기도 함

⇩

- 판결 선고

⇩

- 원·피고 둘 중 한명이라도 항소(상고)하면 항소(상고)심 진행

항소심 절차는 1심과 대동소이함

상고심은 대부분 변론(공판)기일이 열리지 않음

2) 민사 지급명령

민사소송과 비슷한 제도로 지급명령이라는 것이 있다. 지급명령이란 금전 또는 그 대체물이나 유가증권의 지급을 목적으로 하는 청구권에 대하여 채무자가 다투지 않을 것으로 예상되는 경우 채권자로 하여금 소송절차보다 간이, 신속, 저렴하게 분쟁을 해결할 수 있도록 하는 절차를 말한다.[22]

지급명령절차에서는, 채권자가 법원에 지급명령 신청서를 내고, 법원

---

[22] 출처 : https://pro-se.scourt.go.kr/wsh/wsh100/WSH170_2.jsp

이 보기에 그 신청서 내용이 인정할 만하면, 상대방에게 그 신청서의 내용대로 지급할 것을 명령하는 '지급명령결정'이 바로 나오는 것이 특징이다. 상대방의 의견을 듣는 절차를 거치지 않고 결정이 나오며, 인지대도 일반 민사소송에 비해 매우 저렴하다. 다만 일반 민사소송과 비교하여 다음과 같은 차이점이 있다.

첫째, 지급명령에 대한 결정문은 상대방에게 송달이 되는데, 상대방이 이것을 송달받고 2주 안에 이의를 제기하면 지급명령은 무효가 되고 일반 민사소송이 시작된다(이때 청구인이 소송인지대에 해당하는 금액을 추가로 납부하지 않으면 지급명령은 각하된다). 일반 민사소송의 경우, 소장을 접수해도 절차가 바로 진행되지는 않고 3~4개월이 지나야 비로소 의미 있는 진행이 이루어지는 경우가 많다. 그런데 지급명령 결정에 대해 상대방이 이의를 제기하는 경우, 이미 지급명령 신청 시부터 이의신청 시까지 약 3~4주가 소요된 데다가(지급명령 신청 시부터 결정 시까지 1~2주, 지급명령 결정이 상대방에게 송달되기까지 약 1주, 이의신청 기간 2주), 추가인지대 납부, 민사소송 재판부로의 사건 이송에 추가 기간이 소요되기 때문에, 상대방이 이의를 제기하는 상황이라면 지급명령은 괜히 시간만 더 허비하는 절차가 된다. 따라서 상대방이 조금이라도 다툴 것이 예상된다면 처음부터 지급명령보다는 소송을 제기하는 것이 낫다.

둘째, 지급명령신청은 상대방의 주소를 알지 못한다면 사실상 아무런 의미 없는 절차가 된다는 점이다. 지급명령신청은 지급명령결정이 확정되어야만 상대방의 재산에 강제집행을 할 수 있는데, 지급명령결정이 확정되기 위해서는 지급명령결정문이 상대방에게 실제로 도달해야만 한다. 따라서, 상대방이 현재 거주하는 주소를 정확히 알지 못한다면, 지급명령결정문을 상대방에게 도달시킬 수 없을 것이므로, 지급명령 결정이 확정될 수 없고, 당연히 상대방의 재산에 대한 강제집행도 불가능하게 된다. 소송이든 지급명령이든 목적은 상대방의 재산에 강제집행을 하기 위함인데, 그것이 불가능한 상황이라면, 지급명령신청은 아무런 의미도 가질 수 없을 것이다. 반면에 일반 민사소송은 사실조회나 문서제출명령 등을 통해 상대방의 개인정보를 입수한 뒤 '공시송달'[23]로도 진행할 수 있고, 판결을 받은 뒤 강제집행까지 할 수 있으므로, 상대방의 주소를 정확히 알지 못한다고 하더라도 해 볼 만한 경우가 많다. 따라서 상대방의 주소가 100% 확실하지 않은 경우, 지급명령신청보다는 일반 민사소송을 제기하는 것이 좋다.

---

23) 공시송달이란, 상대방의 주소 또는 근무장소 등을 알 수 없어 상대방에게 서류를 송달할 수 없을 경우, 법원사무관 등이 송달할 서류를 보관하고 그 사유를 ① 법원게시판에 게시하거나 ② 관보·공보 또는 신문에 게재하거나 ③ 전자통신매체를 이용해 공시하는 방법으로 상대방이 언제라도 송달받을 수 있게 하는 송달방법을 말한다(민사소송법 제194조, 제195조 및 민사소송규칙 제54조 제1항). 실무상 민사소송 등에서 공시송달이 이루어지기 위해서는, 피고가 피고의 주민등록상 최후 주소지에서 알 수 없는 이유로 소송서류를 송달받지 않는 것이 필요하다.

나.
형사소송의 진행 과정

1) 형사소송의 진행 과정[24]

- 검사가 법원에 공소를 제기
  민사소송에서 원고가 법원에 소장을 접수하는 것과 같음

- 법원이 피고인에게 공소장과 증거목록등 송달(우편)
  피고인이 공소장과 증거목록을 받지 않는 경우, 법률상 요건 충족시 공시송달로 진행

- 피고인은 공소장을 송달받고 의견서를 제출할 수 있음
  의견서를 반드시 제출해야 하는 것은 아님

---

24) 수사단계의 절차에 대해서는 3. 변호사 사용설명서의 가. 착수금과 성공보수 항의 그림을 참고하자.

- 몇 차례 공판기일 진행
- 피고인은 검찰로부터 증거기록을 복사해올 수 있음
- 각종 사실조회, 제출명령, 감정, 검증, 증인신문 등의 절차 진행

피고인은 공판기일에 출석해야 함
공판기일에 여러 차례 출석하지 않으면 구속될 수 있음

⇩

- 판결 선고

피고인은 선고기일에 출석해야함(벌금형 제외)

⇩

- 피고인·검사 둘 중 한명이라도 항소(상고)하면 항소(상고)심 진행

항소심 절차는 1심과 대동소이함
상고심은 대부분 변론(공판)기일이 열리지 않음

2) 형사 약식명령

 형사 약식명령이란, 벌금(또는 과료, 몰수)형이 나올만한 형사사건에서 검사가 피고인을 약식기소하면, 법원은 일반 형사공판절차가 아닌 약식절차를 거쳐 벌금형의 처벌을 내리는 것을 말한다. 약식명령은 피고인의 정식재판 청구 및 (드물지만)법원의 결정을 통해 정식재판으로 회부될 수 있다. 피고인이 약식명령에 대해 정식재판을 청구하지 않으면 벌금형은 그대로 확정된다.

 피고인의 정식재판 청구로 일반 형사소송절차가 개시되었을 때, 피고

인이 공소사실을 부인하고 증인신문 등을 통해 적극적인 무죄 주장을 하지 않으면, 약식명령의 형이 그대로 유지되는 경우가 대부분이다. 따라서 정식재판을 청구하는 이유가 단지 판사 앞에서 읍소해 봐야겠다는 것뿐이라면, 판결 결과에 큰 기대를 하지 않는 것이 좋다. 다만 약식명령이 나왔다고 하더라도, 정식재판에서 치열한 다툼을 통해 결과가 바뀌는 경우가 종종 있으므로, 자신이 억울하다는 생각이 든다면 철저한 준비를 통해 정식재판에 도전해 볼 만하다.

법원이 직권으로 약식기소를 정식재판절차에 회부하였다면, 법원이 보기에 피고인은 무죄가 선고되어야 했거나, 또는 벌금형이 너무 가벼운 상황일 것이다. 즉, 피고인에게 매우 희망적인 상황일 수도, 매우 절망적인 상황일 수도 있는 것이다. 따라서 피고인은 향후 정식재판을 매우 신중하게 접근할 필요가 있다.

다.
이혼소송의 진행 과정

 가사소송에서 현재 가장 큰 비중을 차지하는 이혼소송의 진행 과정에 대해 간략히 설명한다. 가사소송 중 상속과 관련한 사건은 일반 민사소송의 진행 과정과 유사하므로, 앞서 언급한 민사소송의 진행 과정을 참고하기를 바란다.

- 원고가 법원에 소장 접수

- 법원이 피고에게 소장 송달(우편)
  피고가 주민등록초본상 최후주소지에서 소장을 받지 않을 경우 공시송달로 진행
  피고의 주민등록초본상 주소를 찾아내는 것은 원고의 몫

- 피고가 소장을 받고 답변서 제출
  피고가 소장을 송달 받고도 답변서를 제출하지 않으면 원고 무변론 승소 판결

- 몇 차례 변론기일 진행
- 친권·양육권 다툼이 있는 경우 가사 조사 진행(수개월 소요)
- 원 · 피고 서로 준비서면 및 증거제출
- 각종 사실조회, 제출명령, 감정, 재산명시 등의 절차 진행
- 몇 차례 조정기일이 진행되기도 함

- 판결 선고

- 원·피고 둘 중 한명이라도 항소(상고)하면 항소(상고)심 진행

항소심 절차는 1심과 대동소이함

상고심은 대부분 변론(공판)기일이 열리지 않음

라.
소송 관련 용어 정리

변호사인 필자도 처음 변호사를 시작했을 때, 낯선 용어로 인해 상당한 혼란을 겪었다. 하나씩, 간단하게 설명하도록 하겠다.

1) 민사, 가사, 행정소송 용어 정리

• **속행**: 소송을 계속 진행한다는 의미이다. 판사가 변론기일에 속행하겠다고 말하면, 곧바로 다음 기일이 언제인지 이야기하고 원고와 피고에게 그날 올 수 있는지를 물어본다. 소송이 처음인 의뢰인의 경우 '속행'을 '급행'의 의미로 이해하고 "왜 우리 소송은 빨리 진행되나요?"라고 물어보곤 한다. 그냥 변론(공판)기일을 한 번 더 열겠다는 의미이니 오해하지 말자.

• **결심**: 결심은 변론을 종결한다는 의미이다. 판사 본인이 원고와 피고 중 누구의 손을 들어줄지 마음을 정했다는 뜻(그래. 결심했어!)이 아니다. 결심이라고 이야기하는 사람도 있고, 종결이라고 이야기하는 사람도 있다. 종결이라고 이야기하면 "그래서 판결은 어떻게 나왔나요?" 하고 물어보는 의뢰인이 참 많다. 결심은 변론을 종결하였다는 의미이지만 선고를

내렸다는 의미는 아니다. 소송을 결심(종결)하면 판결 선고기일을 잡는다. 판결은 그때 선고된다. 종종 결심 또는 변론이 종결된 뒤, 판사가 직권 또는 원·피고의 신청으로 변론을 재개하기도 한다. 변론이 재개되면 변론기일이 다시 지정된다.

• **추정:** 추정은 많은 사람에게 혼란을 주는 단어다. 추정은 '추후 지정'의 줄임말로서, 변론이 속행된 경우에 다음 변론기일을 바로 잡지 않고 나중에 정하겠다는 의미이다. '미루어 생각한다'라는 의미의 추정과는 아무런 관련이 없다. 주로 소송에서 주로 감정을 실시하거나 조정기일을 진행할 때 많은 시일이 필요하므로, 그것들의 진행 상황을 보고 나중에 변론기일을 지정하기 위해 기일을 추정하곤 한다.

• **변론, 변론기일:** 변론이란 변호사가 법정에서 주장하고 진술한다는 의미로서, 변론기일이란 원고와 피고가 법정에 모여 판사 앞에서 이런저런 주장을 하고, 증거를 제출하는 날이라고 생각하면 된다. 우리나라의 소송은 기본적으로 변론기일에 직접 말로서 변론하는 것을 원칙으로 하고 있지만, 변론기일을 그렇게 진행할 경우 하루에 고작 몇 개의 사건밖에 진행할 수가 없다. 따라서 현재의 소송은 변론기일 전에 '준비서면'을 제출하고, 그 내용을 '진술'하는 것으로 변론을 갈음하는 경우가 많다.

• **준비서면과 답변서:** 앞의 변론에서 언급한 바와 같이, 준비서면은 '변론'을 준비하는 서면이다. 주로 민사소송에서 사용된다. 즉, 원고 또는 피고가 자신의 주장을 적고 증거를 첨부하여 변론기일 전에 미리 제출한

후, 변론기일에 출석하여 그 내용을 '진술'하는 것으로 변론하는 것이 현재 통상적으로 진행되는 변론기일의 모습이다. 답변서는 피고가 원고의 소장에 대해 최초로 제출하는 서면으로서, 원고가 청구하는 바를 인정하거나 인정하지 않는다는 기본적인 입장과, 인정하지 않는 경우 그 이유를 적은 서면을 말한다. 답변서나 준비서면이나 그 내용은 별 차이가 없지만 '답변서'라는 제목은 피고가 제출하는 최초의 서면에만 붙인다. 그다음부터 제출하는 원고와 피고의 서면은 모두 '준비서면'이라고 한다.

• **참고서면**: 변론이 종결된 후 원고나 피고가 제출하는 서면을 말한다. 준비서면과 내용상으로는 별다른 차이가 없지만, 준비서면은 '변론'을 준비하는 서면임에 반해 참고서면은 변론이 이미 종결된 뒤에 제출하는 서면이다. 참고서면에도 증거와 같이 사건 파악에 도움이 되는 서류 등을 첨부할 수 있지만, 원칙적으로 그것들은 '증거'가 될 수 없고 '참고자료'만이 될 수 있을 뿐이다. 따라서 참고서면에 첨부한 참고자료는 사실 판단의 근거로 사용될 수는 없다. 다만 실무상 참고자료가 사건에 영향을 미치는 중요한 증거라고 판단되는 경우, 판사가 변론을 재개하여 그 참고자료를 정식 증거로 제출받기도 한다.

• **감정**: 감정이란 법원이 어떠한 분야의 전문적 지식 또는 경험을 가진 감정인으로 하여금 쟁점 사항을 구체적으로 검토하도록 하고, 그 결과를 판결의 근거로 삼는 절차를 말한다. 부동산의 시가, 건물의 하자 부분과 보수 금액, 사람의 부상 정도와 치료비 등에 대한 감정을 예로 들 수 있다. 원고나 피고가 감정을 신청하면 법원이 감정인을 선정하여 그 감정인에

게 법원에 감정결과를 보고하도록 한다. 감정결과는 특별한 사정이 없는 한 그대로 판결의 근거로 사용되기 때문에, 소송의 승패를 좌우하는 매우 중요한 요인이 되는 경우가 많다. 감정 비용은 감정을 신청하는 사람이 납부해야 한다.

- **사실조회신청, 문서제출명령신청:** 사실조회신청은 누군가에게 내가 작성한 질문지를 보내서 답장을 보내도록 법원에 요청하는 것을 말하고, 문서제출명령은 문서를 가지고 있는 사람에게 그 문서를 제출할 것을 명령하는 민사소송법상의 제도를 말한다. 사실조회신청과 문서제출명령신청 둘 다 민사소송에서 매우 자주 쓰이는 입증 방법이다.

사실조회신청의 경우, 신청하는 사람이 사실조회 신청의 목적과 이유, 사실조회신청을 받는 사람이 대답하여야 할 이런저런 질문을 적은 '사실조회신청서'를 법원에 제출하면, 법원에서 채택 여부를 결정하고, 채택하는 경우 질문을 받는 사람에게 사실조회신청서를 보낸다. 질문을 받는 사람의 자격에 관한 법률적 규정은 없지만, 당연히 사건과 관련된 사람이어야 한다. 다만, 사실조회신청은 질문을 받은 사람이 답변을 제출하지 않는다고 해도 불이익을 받지 않는다.

문서제출명령 역시 신청하는 사람이 문서를 소지하고 있는 사람과 그 문서가 필요한 이유를 적은 '문서제출명령 신청서'를 제출하면, 법원에서 채택 여부를 결정하고, 채택하는 경우 문서의 소지자에게 문서를 제출할 것을 명령한다. 이 경우 문서제출명령을 신청하는 사람은 그 문서의 소지자가 이를 제출하여야 하는 민사소송법상 의무가 무엇인지 밝혀야 한다. 문서제출명령은 법원의 문서제출명령에 대해 문서소지자가 거부하는 경우 과태료가 내려질 수 있다는 점에서 약간의 강제력이 있으나, 실제 과태료가 내려지는 일은 극히 드물다. 이것과 비슷한 내용의 신청으로 금융거래정보제출명령신청, 과세정보제출명령신청, 문서송부촉탁 등이 있다.

• **조정, 화해권고결정, 조정을 갈음하는 결정(강제조정결정)**: 소송을 진행하다 보면, 변론기일이나 공판기일 외에 '조정기일'이 진행될 때가 있다. 조정기일이란 민사 또는 가사소송에서 판사가 원고, 피고에게 직접 만나서 서로 타협점을 찾아보자는 취지로 진행하는 날을 말한다. 조정기일은 판사가 아닌 조정위원(다양한 직업을 가진 사람들로 법원에서 선정한 인물들)이 진행하는 경우가 많으나, 드물게 판사가 직접 조정기일을 진행하는 때도 있다. 조정기일은 원고가 법원에 민사소송 소장 대신 '조정신청서'라는 것을 접수하여 지정되는 경우도 있고, 일반적인 민사소송이 진행되던 도중 법령의 규정 또는 판사의 재량으로 진행되는 경우도 있다. 간혹 조정기일이 잡혔을 때, 내가 모르는 어떤 음모가 있는 것 아니냐고 물어보는 의뢰인도 존재하는데, 조정기일은 매우 흔하게 진행되는 민사소송의 절차 중 하나로서, 음모와는 아무런 관계가 없다. 조정기일에 관해서는 뒤에서 좀 더 자세히 이야기하도록 하고, 여기서는 용어에 대해서만 간략히 설명하도록 하겠다.

화해권고결정이나 조정에 갈음하는 결정 모두 이름만 다를 뿐 사실상 같은 것과 다름없다. 조정에 갈음하는 결정은 조정기일을 통해 조정위원이 타협안을 제시할 때 붙는 이름이고(이것을 강제조정결정이라고도 한다), 화해권고결정은 판사가 타협안을 제시할 때 붙는 이름이다. 이름은 각각 다르나, 효력은 같다. 이것들은 모두 결정문을 송달받은 날부터 2주 이내에 양쪽 다 이의를 제기하지 않으면, 결정문에 기재된 내용대로 소송이 확정되는 결과가 발생한다. 원고와 피고 모두에게 결정문을 받은 날부터 2주의 이의 기간이 주어지므로, 원고와 피고 중 한쪽이 결정문을 먼저 송달받고, 한쪽은 나중에 받았다면 이의 기간은 각각 따로 진행된다. 간혹 '강제조정' 등의 어감으로 인해 이와 같은 결정문이 나오면 그대로 소송이 끝나 버리는 것으로 착각하고 있는 사람들이 있는데, 판사는 판결 외에 소송을 자기 마음대로 끝낼 수 있는 권한을 가지고 있지 않으니 걱정하지 않아도 된다. 이의제기 기간 중 한쪽이라도 이 결정에 대해 이의를 제기하면 조정은 불성립으로 종료되고 다시 소송 절차가 개시되며 판결로 마무리된다. 유의해야 할 점은, 만약 원고와 피고가 모두 이 결정에 이의를 제기하지 않아 소송이 끝나면, 그 소송은 더 이상 다툴 수 없다는 점이다. 항소든 상고든 어떤 형태로든지 그 소송은 다시 진행되지 못한다. 이의 기간은 절대 놓쳐서는 안 되는 매우 중요한 기일 중 하나임을 유념하자.

2) 형사 수사절차 및 소송 용어 정리

• **속행, 결심 추정, 변론, 결심:** 이 용어들은 민사소송과 의미가 동일하다. 단, 형사소송에서는 변론기일을 공판기일이라고도 한다(공판기일이라는 용어를 더 많이 사용하는 편이다).

- **고소와 고발, 소송:** 고소와 고발은 모두 수사기관에 범죄 사실을 신고하고, 수사를 통해 처벌해 달라고 요청하는 의사표시라는 점에서는 같다. 다만 고소는 범죄의 피해자 또는 법에 규정되어 있는 '고소권자'가 하는 것이고, 고발은 범죄의 피해자나 고소권자가 아닌 제3자가 하는 것이라는 점에서 차이가 있다. 고소의 경우, 경찰이 사건에 대해 불송치결정을 하더라도 이의신청을 통해 검찰로 사건을 송치하여 다시 한번 판단해 달라고 할 수 있다. 그러나 고발의 경우 경찰이 사건에 대해 불송치결정을 하면 그에 대해 이의를 신청할 수 없다(2024년 3월 현재는 이렇다. 다만 이러한 절차는 변경될 가능성이 있으므로 반드시 현행법령[25]을 확인하여야 한다).

이와 별개의 이야기지만 꽤 많은 사람이 소송과 고소를 혼동해서 사용하는 일이 많아 간단히 설명하고자 한다. 소송은 법정에서 벌어지는 민사, 형사, 가사, 행정 등의 소송을 모두 가리키는 말이다. 고소는 앞에서 설명한 바와 같이 피해자가 자신의 피해 사실을 수사기관에 알려 상대방을 처벌하도록 하는 것을 말하는데, 일반인들은 소송과 고소를 서로 같은 의미로 사용하곤 한다. 예를 들어, 원고가 민사, 가사, 행정 등의 소송을 제기하면 법원이 피고에게 소장을 발송하여 피고가 이를 받게 되는데, 이에 대해 '나 얼마 전에 고소장을 받았다.'라고 이야기하는 경우이다. 이와 같은 소장은 소장이라고만 말할 뿐, 고소장이라고 표현하지는 않는다. 이로 인해 상담 중 오해가 발생하기도 한다. 의뢰인이 민사소송에 대해 상

---

25) 형사소송법 제245조의 5 이하

담을 요청하면서 필자에게 "제가 얼마 전에 고소장을 받아서 상담받으려고 연락드렸습니다."라고 이야기하면, 필자는 의뢰인께 "죄명이 무엇인가요?"라고 물어본다. 그러나 이러한 질문을 받은 의뢰인은 당황하면서 "죄명은 안 쓰여 있던데요."라고 대답하는 경우다. 별것 아니지만, 용어 선택의 실수로 인해 '법률적 지식이 전혀 없는 사람'으로 인식될 수도 있으므로, 소송과 고소의 용어 차이를 알아 두는 것이 좋다.

• **송치, 불송치:** 고소, 고발장은 대부분 경찰서에 접수하여야 한다(일부 범죄 제외). 고소, 고발장을 접수한 경찰은 수사를 개시한다. 수사 결과 피의자에게 죄가 인정된다고 판단되면 경찰은 사건을 검찰에 이송하게 되는데 이것을 '송치'라고 말한다. 반대로 피의자에게 혐의가 없다고 판단되면 사건을 '불송치'한다. 송치와 불송치는 이때 사용되는 용어이다. 다만 경찰이 사건을 불송치하더라도 고소인은 이에 대해 이의를 신청할 수 있고, 이의신청이 접수되면 경찰은 사건을 검찰로 송치한다.

• **기소, 불기소, 약식기소:** 사건이 경찰에서 검찰로 송치되면 검찰은 사건을 다시 한번 검토한다. 이때 검사는 경찰에 보완 수사를 요구하기도 하고, 자체적으로 조사를 진행하기도 한다. 그리고 그 결과 피의자에게 죄가 인정된다고 생각하면 그 사건을 소송에 넘기게 되는데 이것을 '기소'라고 말한다. 반대로 피의자에게 죄가 없다고 판단되면 그 사건에 대해 불기소처분을 내린다.

기소는 정식기소와 약식기소가 있다. 정식기소는 말 그대로 법원에 그 사건에 대한 정식재판을 청구하는 것이고, 약식기소는 판사에게 정식재판 절차를 진행하지 말고, 판사가 기록을 보고 곧바로 판결과 같은 '약식명령'을 내려줄 것을 청구하는 것을 말한다. 약식기소는 벌금형에서 활용된다. 다만 약식기소의 경우에도 피의자는 법원에 정식재판을 청구할 수 있고, 드물지만 기록을 본 판사가 직권으로 정식재판 절차로 회부하는 경우도 있다. 검사가 피의자를 정식 기소하거나(그냥 '기소'라고만 하면 정식기소를 말하는 경우가 많다), 또는 약식기소 후 법원으로부터 약식명령이 내려진 사건에 대해 피의자가 정식재판을 청구하면 형사소송이 진행된다. 이와 관련해서는 앞의 4. 나. 2) 형사 약식명령을 참조하도록 하자.

• **항고, 재항고, 재정신청:** 항고, 재항고, 재정신청은 검사가 어떠한 사건에 대해 불기소처분을 내린 경우, 그에 대해 불복하는 방법에 관한 것이다. 먼저 항고란 검사의 불기소처분에 대해 상급 검찰청인 고등검찰청에 사건을 한 번 더 검토해 달라고 요청하는 것이다. 항고가 접수되면 고등검찰청은 사건을 다시 검토하여 기존 검사에게 재기수사 명령을 내리거나, 아니면 자체적으로 기소를 할 수 있지만, 검토 결과 불기소처분에 별다른 문제가 없다고 판단되는 경우 항고를 기각하게 된다. 고등검찰청의 항고 기각 결정에 대해서는 재항고 또는 재정신청이 가능하다. 재정신청은 고소인이, 재항고는 고소인이 아닌 고발인 등이 하는 것인데, 재정신청은 검찰청이 아닌 법원에 그 사건에 대해 마지막으로 검토해 달라고 요청하는 것이고, 재항고는 고등검찰청의 상급 검찰청에 사건을 한

번 더 검토해 달라고 요청하는 것이다. 재정신청은 검찰이 아닌 법원이 고소 사건을 검토하는 것으로서 고소인의 입장에서 보다 공정한 처리를 기대해 볼 수 있는 제도이다. 재정신청이 받아들여지면 형사소송이 진행된다.

마.
인지대, 송달료, 감정료 등

　인지대는 법원에 사건 처리를 위해 납부하여야 할 돈을 말한다(형사소송 제외). 인지대는 '민사소송등인지규칙'에 따라 결정되는데, 청구하는 목적물의 가액이 커짐에 따라 인지대도 올라간다. 송달료는 쉽게 말해 우편값이라고 생각하면 된다. 소송이 진행되려면 법원에서 상대방을 포함한 여러 기관과 서류를 주고받아야 하는데, 그때 필요한 비용이다. 알아두어야 할 점은 변호사 선임료에 인지대와 송달료는 포함되어 있지 않다는 점이다. 즉, 인지대와 송달료는 변호사 선임료와는 별도로 의뢰인이 직접 납부해야 하는 비용이다(보통 변호사가 인지대 및 송달료에 대한 법원의 가상계좌를 전달해 주고, 의뢰인은 그 가상계좌에 직접 입금한다). 청구하는 돈이 큰 경우 인지대도 높아지므로, 소송 관련 예산을 짤 때 인지대를 반드시 포함시켜야 한다. 인지대는 전자소송포털 나홀로소송 부분[26]에서 계산할 수 있다(인지대가 얼마인지 정확히 계산하기 위해서는 소송 목적의 값과 계산식을 알아야 한다. 다만 이 책은 나 홀로 소송을 위한 책은 아니므로 자세한 설명은 생략한다).

---

26) https://ecfs.scourt.go.kr/psp/index.on?m=PSPJ02M03

감정료는 소송에서 감정을 실시할 때 납부하는 돈으로, 감정을 신청한 쪽이 법원에 납부한다. 감정료는 일률적으로 정해진 것이 아니라 감정의 종류에 따라 천차만별로 달라진다. 감정료 역시 선임료에 포함되어 있지 않으므로, 소송 진행 중 감정을 신청할 때 의뢰인이 법원에 별도로 납부해야 한다. 주의할 점은, 간혹 감정료가 변호사 선임료보다도 훨씬 더 큰 경우가 있으므로 변호사와의 상담 시 내 사건에 감정이 필요한지, 필요하다면 예상 감정료가 얼마나 되는지 자세히 물어보는 것이 좋다.

바.
승소 또는 패소 시 상대방에 대한
변호사 선임료의 청구

 승소했을 때 상대방으로부터 내가 지출한 변호사 선임료를 받을 수 있을까? 반대로 내가 패소했을 때 상대방에게 상대방이 지출한 변호사 선임료를 물어 줘야 할까? 결론부터 이야기하면, 형사소송을 제외한 나머지 소송에서는 승소/패소의 결과에 따라 상대방으로부터 변호사 선임료를 받을 수도 있고, 물어주어야 할 수도 있다.

 그런데, 상대방에게 받거나 줘야 하는 것은 변호사 선임료만이 아니다. 변호사 선임료, 인지대, 송달료, 감정료, 증인 여비 등 소송에 지출된 모든 비용을 합친 것을 '소송비용'이라고 하는데, 민사소송 결과에 따라 원고와 피고는 서로에게 이 '소송비용'을 받거나 줄 수 있는 것이다. 다만 소송에 들어간 돈 중 가장 큰 액수를 차지하는 것이 바로 변호사 선임료인 만큼, '소송에서 지면 변호사 선임료를 물어 줘야 한다.' 정도로 알려져 있을 뿐이다.

 변호사 선임료를 제외한 나머지 소송비용은 소송을 진행하는데 들어간 돈으로서, 법원에 납부한 돈의 액수 그대로 포함된다. 그러나 변호사 선임료는 변호사와의 선임계약에 따라 그 액수가 천차만별이어서, 그에 대한 상한선을 두지 않으면 매우 불합리한 상황이 발생할 수 있다. 예를 들어, 원고가 피고에게 청구하는 돈은 100만 원이었는데, 그 소송이 원고에게 너무 중요한 소송이어서 자타 공인 국내 최대 로펌인 김O장 법률사무소의 변호사에게 5천만 원을 주고 소송을 맡겼다고 가정하자. 이 소송이 원고 승소 판결로 끝났을 때, 피고가 원고의 변호사 선임료 5천만 원을 전부 물어 주어야 한다고 하면 이는 이치에 맞지 않을 것이다. 이를 차단하기 위해 '변호사 보수의 소송비용 산입에 관한 규칙'이라는 것이 존재한다. 이 규칙에는 소송의 승패에 따라 청구할 수 있는 변호사 선임료의 상한선을 계산하는 방법이 정해져 있다. 이 규칙에 규정된 변호사 선임료 계산식은 다음과 같다.

〈변호사보수의 소송비용 산입에 관한 규칙 별표〉

■ 변호사보수의 소송비용 산입에 관한 규칙 [별표] <개정 2020. 12. 28.>

소송목적 또는 피보전권리의 값	소송비용에 산입되는 비율 또는 산입액
300만원까지 부분	30만원
300만원을 초과하여 2,000만원까지 부분 [30만원 + (소송목적의 값 - 300만원) × $\frac{10}{100}$]	10%
2,000만원을 초과하여 5,000만원까지 부분 [200만원 + (소송목적의 값 - 2,000만원) × $\frac{8}{100}$]	8%
5,000만원을 초과하여 1억원까지 부분 [440만원 + (소송목적의 값 - 5,000만원) × $\frac{6}{100}$]	6%
1억원을 초과하여 1억5천만원까지 부분 [740만원 + (소송목적의 값 - 1억원) × $\frac{4}{100}$]	4%
1억5천만원을 초과하여 2억원까지 부분 [940만원 + (소송목적의 값 - 1억5천만원) × $\frac{2}{100}$]	2%
2억원을 초과하여 5억원까지 부분 [1,040만원 + (소송목적의 값 - 2억원) × $\frac{1}{100}$]	1%
5억원을 초과하는 부분 [1,340만원+ (소송목적의 값 - 5억원) × $\frac{0.5}{100}$]	0.5%

한 가지 알아 둘 점은, '소송비용' 계산에 포함되는 변호사 선임료에는, 그때까지 실제로 지불한 변호사 선임료 외에도, 변호사 선임 계약상 아직 지불하지 않은 변호사 선임료(예를 들어 성공보수)도 포함시킬 수 있다는 점이다. 그러다 보니 상대방에게 청구하는 변호사 선임료는 위 '변호사 보수의 소송비용 산입에 관한 규칙'에서 정한 상한선을 꽉 채운 금액이 되는 경우가 대부분이다.

다음으로, 소송 결과에 따라 소송비용을 누가 누구에게, 얼마나 줘야 하는지는 어디에 나와 있을까? 이것은 소송 판결문 중 주문에 나와 있다. 형사소송을 제외한 대부분의 판결문 중 주문 부분을 보면 마지막 항에 '소송비용은 누가 부담한다.'라는 말이 적혀 있다. 예를 들어 '소송비용 중 10%는 원고가, 90%는 피고가 부담한다.'라는 식이다. 다음 사진은 실제 판결문에 나와 있는 소송비용에 관한 주문이다.

〈실제 판결문에 기재된 주문〉

주 문

1. 피고는 원고에게 3,500만 원 및 이에 대하여 2023. 9. 2.부터 2024. 2. 15.까지는 연 5%, 2024. 2. 16.부터 다 갚는 날까지는 연 12%의 비율로 계산한 돈을 지급하라.
2. 원고의 나머지 청구를 기각한다.
3. 소송비용 중 10%는 원고가, 90%는 피고가 부담한다.
4. 제1항은 가집행할 수 있다.

위와 같은 소송비용 부담 비율은 대개 원고가 소송에서 청구한 금액 대비 패소한 비율로 정해진다. 예를 들어 원고가 100만 원을 청구했는데 35

만 원만 인용(승소)되었다고 가정하자. 원고의 청구 금액 대비 패소 비율은 65%이고 피고의 패소 비율은 35%이다. 이 경우 '소송비용은 원고가 65%, 피고가 35% 부담한다.'라고 판결이 내려지게 된다. 그러나 이것은 아주 간단한 예를 든 것으로써, 소송의 당사자가 여러 명이고, 여러 명에 대한 승소와 패소 비율이 다를 경우 계산은 매우 복잡해진다. 단, 소송비용 부담과 관련하여서는 판사에게 재량이 존재한다. 예를 들어 범죄 피해자가 가해자에게 손해배상을 청구하는 경우, 청구 금액보다 적은 금액이 인용되더라도 소송비용이 꼭 패소 비율만큼 부담하게 되지는 않는다. 이러한 경우까지 소송비용 부담의 원칙을 무조건 적용하면 범죄 피해자의 정당한 청구가 위축될 가능성이 있기 때문이다.

마지막으로, 소송비용은 어떠한 절차를 거쳐 받을 수 있을까? 위에서 언급한 바와 같이, 판결문의 주문에는 소송비용이 정확히 얼마인지는 나와 있지 않다. 단지 소송비용 부담의 비율만이 나와 있을 뿐이다. 소송비용은 '소송비용확정신청'이라는 절차를 통해 청구할 수 있다. 소송비용확정신청이란 소송비용이 얼마인지를 결정해 주는 별도의 절차이다. 즉, 소송이 완전히 끝났다면(판결이 확정되었다면), 당사자는 그 소송의 판결문에 기재된 소송비용 부담 비율대로 소송비용을 계산하여, 그 계산된 금액을 '소송비용확정신청'이라는 절차를 통해 상대방에게 청구할 수 있는 것이다. 소송비용확정신청서를 법원에 제출하면, 법원은 이것을 상대방에게 보내면서 의견을 제출하라고 통지한다. 상대방이 이것을 받고 의견을 제출하든 하지 않든, 법원은 소송비용확정신청에 관한 결정을 내린다. 이 결정문은 판결문과 같은 효력이 있어서, 결정문 가지고 상대방의 예금 통장에 있는 돈을 직접 가져오거나(채권 압류추심), 상대방의 부동산을 경매에 부칠 수 있다. 소송비용확정신청을 통해 소송비용 부담에 관한 결정을 받으면, 비로소 소송 절차는 모두 마무리되었다고 볼 수 있다.

사.
압류, 가압류, 가처분, 저당권, 근저당권

소송을 통해 판결받으려고 했던 주된 이유는 판결문을 이용하여 상대방의 재산을 강제로 가져오기 위한 것이다. 따라서 소송에서 전부 승소 판결을 받더라도 상대방의 재산을 가져오지 못한다면 그 소송은 별다른 의미를 갖지 못하게 된다. 그런데 소송은 오랜 기간 진행되기 때문에, 그 과정에서 패소의 기운을 느낀 피고는 소송이 끝나기 전에 미리 자기 재산을 처분해 버릴 수 있고, 실제로 그러한 일이 종종 발생하기도 한다. 이러한 피고의 꼼수를 방지하기 위한 것이 가압류, 가처분이다. 이에 대해 조금 더 자세히 설명한다.

1) 압류

압류는 소송이 다 끝난 후 판결 내용에 따라 상대방의 재산을 강제로 빼앗아 올 때 이루어지는 것이어서, 사실 소송 전 상대방의 재산 처분을 방지하기 위한 것과는 직접적인 관련이 없다. 그러나 압류를 이해하면 가압류 역시 쉽게 이해할 수 있으므로 간략히 설명한다. 압류란, 어떤 사람이 판결(또는 공정증서)을 받고 그 내용에 따라 상대방에게 강제집행을 실시할 때, 이를 집행하는 기관이 채무자 재산의 처분을 금지하고 이것을 확보하는 것을 말한다. 쉽게 말하면 압류란 강제집행이 결정된 그 시점부터 집행 대상에 변동이 생기지 않도록, 강제집행을 당하는 사람의 재산을 현재 상태로 '꼼짝 못 하게' 묶어두는 것을 의미하는 것이다.

내가 강제집행하려는 상대방의 재산이 (금전)채권인 경우, 압류 및 추심(내가 가져올 수 있도록 해 달라)명령 또는 채권 압류 및 전부(나에게 이전해 달라)명령과 같이, 집행의 대상물을 '꼼짝 못 하게 하고 나에게 주세요.'라는 결정을 내려 달라고 세트로 신청하는 것이 보통이다. 예를 들어, A가 받은 판결문에 'B는 A에게 400만 원을 지급하라'는 주문이 적혀 있다고 가정하자. A는 이 판결을 선고한 법원에 '집행문'을 달라고 신청하고, 그 집행문을 가지고 법원에, B의 예금이 있는 ㄱ은행을 제3채무자로 하여 'B의 ㄱ은행에 대한 예금채권에 대한 압류 및 추심명령'을 신청할 수 있다. 이후 법원에서 압류 및 추심명령 신청에 대한 결정을 내리고, 그 결정문을 ㄱ은행에 발송한다. ㄱ은행이 결정문을 받으면 그 순간 B의 예금은 '압류'된다. 그리고 A는 ㄱ은행에 방문하여 '내가 바로 법원에 B의 예금채권에 대한 압류 및 추심을 신청한 사람이다.'라는 것을 증명하고, B의 예금 중 판결문에 적혀 있는 돈을 직접 받아 올 수 있다. 한편 집행 대상이 부동산인 경우, 집행권원을 가지고 경매를 신청하면 경매를 위해 자동으로 압류가 되고 경매 절차가 시작된다.

2) 가압류

가압류란, 어떤 사람이 상대방에게 소송을 제기해서 승소 판결을 받고 집행문을 부여받아 강제집행을 실시하려고 할 때, 소송이 오래 걸리는 틈을 타 상대방이 자기 재산을 빼돌리거나 처분해 버리는 등으로 강제집행을 어렵게 만드는 것을 예방하기 위해, 상대방의 재산을 미리 잡아 두는 것을 말한다. 즉 가압류란 소송을 전제로 상대방의 재산을 미리 잡아 두는 것이다. 이때 가압류의 전제가 되는 소송을 '본안소송'이라고 한다.

앞에서 살펴본 압류는 실제로 압류당한 재산이 그 상태로 꼼짝 못 하게 되는 것임에 반해 가압류는 말 그대로 '가'압류이기 때문에 가압류를 당한 상대방은 그 재산을 사용하고 처분할 수 있다. 다만 본안소송이 원고의 승리로 끝나면, 원고는 자신이 가압류해 놓았던 상대방의 재산이 다른 사람의 소유가 되어 있더라도 그 재산을 마치 상대방의 재산인 것처럼 강제집행할 수 있다. 예를 들어 A가 B에게 대여금 소송을 제기하기로 하고, B의 소유인 ㄱ부동산을 미리 가압류해 놓았다고 가정하자. B는 소송이 끝나기 전 ㄱ부동산을 C에게 헐값에 팔아치웠다. 그러나 이후 A가 소송에서 승리하면, 현재 C의 재산이 되어 있는 ㄱ부동산에 경매를 신청하고, 그에 대한 낙찰 대금에서 자신의 채권에 대한 변제를 받을 수 있는 것이다.[27]

---

[27] 여담으로, 이 경우 C는 B에게 부동산 대금을 지급하고 부동산을 매수했기 때문에, 대금은 대금대로 지급하고, 부동산은 날아간 상황이 될 수 있다. 이 경우, C가 B의 감언

그런데 가압류는 본안소송과는 별개의 사건이기 때문에, 로펌은 의뢰인에게 가압류에 대한 별도의 비용을 지불할 것을 요구하는 경우가 많다 (그렇지 않으면 가압류와 본안소송을 하나로 묶어 비용을 책정한다). 그러다 보니 의뢰인은 '별 소용도 없는데 돈만 더 받으려고 가압류를 권하는 것 아닐까?' 하는 의심을 품기도 한다. 그러나 실제로 가압류는 목적과 필요성이 분명하고 매우 광범위하게 이용되며, 경우에 따라 가압류를 하는 것만으로 소송이 매우 간단하게 해결될 정도로 매우 효과적인 절차이다.

> 어떤 회사의 사장님께서 아내 A의 일로 상담을 받으러 오신 일이 있다. 사정은 이렇다. A는 같은 아파트에서 친하게 지내는 B로부터, '내가 투자로 매우 유명한 사람들과 친분이 있는데, 그 사람들이 추천하는 매우 유망한 사업이 있다. 나에게 돈을 조금 빌려주거나 투자하면 몇 배로 불려 주겠다.'라는 이야기를 들었다. A는 B의 말을 믿고 사장님 몰래 B에게 꽤 많은 돈을 건네주었는데, 그 뒤로 1년 가까이 흘렀음에도 불구하고 B는 A에게 수익금은커녕 원금도 돌려줄 생각을 하지 않고 있었다. 필자의 경험상 유명한 사람과의 친분, 아무도 모르는 유망한 투자 정보, 단기간의 엄청난 수익 등의 이야기는 전형적인 사기꾼의 말이었으므로, A 역시 사기를 당했음을 직감할 수 있었다.
>
> 그런데 다행히 B는 자신이 거주하고 있던 아파트의 소유자였다. 사기꾼에게 거액의 재산이 있는 경우는 매우 드문 일인데, 필자의 경험상 사기꾼들은 시간을 끌면서 자기 재산을 모두 팔아 치우고 잠적하는 경우가 매우 많았기에, 필자는 사장님께 A가 B에게 불법행위 손해배상 청구소송 제기하는 것을 전제로 하여, 일단 B

이설에 속아 부동산을 매수하였던 것이라면, C는 B에게 손해배상을 청구할 수 있다. 그러나 C가 자신의 판단으로 B가 A와의 소송에서 이기리라 예측하고 매수하였던 것이라면 C는 자신의 손해를 감수할 수밖에 없다.

소유의 아파트를 가압류하고, 형사고소는 가압류가 결정된 이후에 하는 것을 권하였다. 가압류보다 형사고소가 먼저 진행될 경우, B가 고소의 소식을 듣고 가압류가 이루어지기도 전에 급하게 아파트를 팔아먹을 가능성이 있었기 때문이었다.

약 2주 정도 후 가압류가 완료되었고, 필자는 사장님과 민사소송을 제기할지, 형사고소를 제기할지, 아니면 둘 다 한꺼번에 할지에 대해 논의하고 있었다. 그런데 어떤 공인중개사로부터 필자의 사무실로 전화가 걸려 왔다. 그 공인중개사는 B의 아파트에 대한 매매계약을 중개한 사람이었다. 그 공인중개사의 말에 따르면, 자신은 가압류 등기가 등재되기 하루 전날 B의 요청으로 급하게 아파트의 매매계약 체결을 중개하였고 매수인으로부터 계약금을 받았는데, 그다음 날 아파트에 가압류 등기가 된 사실을 알게 되었다는 것이었다. 그러면서 공인중개사는 자신도 너무 난처한 상황으로서 어떻게든 이 사건을 해결하려고 하니 도와 달라고 하였다. 이에 필자는 공인중개사에게 자초지종을 설명하고, B라는 분이 피해 금액을 한 번에 지급한다면 A에게 피해 금액의 이자 정도는 포기하도록 설득해 보겠다고 이야기하였다. B로서는 가압류를 해결하지 않을 경우, A에게는 사기 피해 금액을 전부 물어 주고, 부동산 매수인에게는 위약금을 물어 주어야만 하는 처지가 되었기 때문에, A와 합의를 하는 수밖에 없었다. 결국 사기꾼 B는 가압류가 완료된 지 한 달도 채 되지 않아 A에게 피해 금액 전액을 지급하였고 사건은 그대로 마무리되었다.

가압류를 진행하는 데 있어 한 가지 주의할 점이 있는데, 그것은 바로 '가압류 담보금'이다. 가압류는 본안소송의 결과가 나오기도 전에 상대방의 재산을 잡아 두는 행위이므로, 때에 따라 무고한 사람의 재산권 행사를 제한하여 피해를 줄 가능성이 존재한다. 이에 법원은 가압류가 적당하다는 판단을 내리면서도, 그 피해금을 담보하기 위한 돈을 공탁할 것을 요구한다(다만 실제로 가압류로 인한 피해가 인정되어 공탁금이 몰수당하는 일은 매우 드물다). 공탁금은 현금을 공탁하라고 할 때도 있고, 그에 상응하는 보증보험을 발급받아 공탁하라고 할 때도 있다. 보증보험 공탁이 매우 저렴하여 대다수 의뢰인이 이 방법을 선호한다. 법원이 공탁을 현금으로 요구하는지, 보증보험으로 갈음하는 것을 허락하는지는 가압류 신청의 이유와 가압류 대상물이 무엇인지에 따라 다르다. 가압류 대상이 부동산인 경우 보증보험 공탁이 많이 허락된다. 그러나 법원이 보기에 가압류 신청 내용이 납득하기 어렵거나 곤란한 경우, 가압류의 대상물이 상대방의 은행 예금이나 현금 또는 그에 가까운 채권인 경우에는 현금공탁을 요구하는 경우가 많다. 현금공탁금은 소송이 종료되거나, 상대방의 가압류 이의 또는 취소 신청이 받아들여졌을 때 찾을 수 있다.

3) 가처분

가처분이란 소송이 끝날 때까지 물건 또는 권리관계를 임시로 정해 두는 것을 말한다. 가처분은 크게 두 종류가 있는데, 하나는 '임시의 지위를 정하는 가처분'이고 다른 하나는 '물건에 관한 가처분'이다.

'임시의 지위를 정하는 가처분'이란, 민사소송을 통해 다툼을 해결할 경우, 민사소송이 모두 끝날 때까지 많은 시간이 소요되어, 소송에서 승소하더라도 청구인에게 회복할 수 없는 손해가 발생하므로, 민사소송의 내용을 짧은 시간 안에 심리하여 임시로 승패를 결정해 주는 것을 말한다. 이 가처분의 종류는 매우 다양하다. 영업장에 대한 영업금지 가처분, 단체의 임원에 대한 직무집행정지가처분, 단체 내에서 징계 처분의 효력을 정지시키는 가처분 등이다. 이 가처분은 보통 3~4개월 안에 결과가 나오는데,

민사소송은 대법원까지 가는 경우 대략 3년 정도의 시간이 걸리기 때문에, 이러한 가처분들은 사실상 채권자와 채무자의 승패를 결정해 주는 역할을 한다. 예를 들어 어떠한 단체의 임원 선출 과정에 문제가 있을 때, 그 임원의 직무집행을 정지시키는 가처분을 신청한 뒤, 그 임원을 선출한 회의에서 내린 결정을 무효 또는 취소시키는 본안소송을 진행하는 것이다. 임원이 가처분 사건에서 패소하면 임원의 자격은 정지되는데, 본안소송이 확정될 때쯤 되면 자신의 정상적인 임기도 거의 끝나 버리는 상황이 되므로, 본안소송에서 대표가 승소하더라도 얻을 수 있는 이득은 거의 없다. 따라서 이러한 경우에는 가처분이 사실상 본안소송의 역할을 하게 된다.

'물건에 관한 가처분'이란 어떤 사람이 상대방에게 금전채권이 아닌 다른 권리를 가지고 있는 경우에, 그 권리에 대한 소송을 하여 승소하고 이후에 집행문을 부여받아 강제집행을 할 때까지 채무자가 그 권리의 대상을 처분해 버리는 것을 방지하기 위해, 그 권리의 대상을 가처분 신청 당시의 상태로 계속 있게 만드는 것을 말한다. 예를 들어 임대차 기간이 종료되었음에도 집에서 퇴거하지 않고 버티는 임차인을 상대로 집의 소유자가 제기한 부동산 인도 소송에서, 현재 부동산을 점유하고 있는 임차인의 점유 이전을 금지시키는 가처분 등이다. 가처분이 결정되면 이를 집행하는데, 보통 집행관과 증인을 대동하고 가처분 장소에 들어가 점유이전금지가처분의 내용이 기재된 고시를 부동산 안에 한 귀퉁이에 붙인다.

참고로, 부동산의 점유 등과 관련된 소송은 판결을 무력화시킬 수 있는 많은 꼼수가 존재하므로, 이에 대한 대응책을 미리 마련해 놓는 차원에서라도, 가처분이 필요하다면 주저하지 말고 본안소송을 제기하기 전에 가처분을 먼저 진행하는 것이 좋다.

4) 저당권, 근저당권

사실 법률을 조금 아는 사람이라면 저당권과 압류, 가압류 가처분은 전혀 다른 절차라는 사실을 알고 있다. 그러나 일반인의 관점에서 압류나 가압류, 가처분, 저당권은 상대방의 재산을 미리 '잡아 두는' 성격이 있다는 점에서 상당히 헷갈리는 개념 중 하나다.

저당권이란, 어떠한 사람이 상대방에게 돈을 받을 권리를 가지고 있을 때, 상대방이 소유한 부동산에 대하여 그 부동산의 사용 및 수익에는 전혀 관여하지 않는 대신, 상대방이 돈을 갚지 않으면 그 부동산을 경매에 부칠 수 있는 권리와, 경매를 통해 낙찰자로부터 납입된 매수대금 중에서 내가 받을 돈을 우선하여 받을 수 있는 권리를 말한다. 주택담보대출을 생각하면 이해하기가 쉽다.

가압류, 가처분은 법원의 신청과 결정에 따라 이루어지는 것인 반면 저당권은 사람 간의 계약으로 이루어진다. 또한 저당권에는 위에서 말한 우선수익권이 존재하지만, 가압류에는 우선수익권이 존재하지 않는다. 무엇보다 가압류 가처분은 본안소송을 전제로 채무자의 처분행위를 예방하고자 하는 것임에 반해, (근)저당권은 본안소송을 전제로 하는 것이 아니라 담보 설정을 목적으로 한다는 점에서 근본적인 차이점이 있다.

아.
내용증명

많은 사람이 소송 전 서로에게 주고받는 것이 바로 내용증명이다. 그러나 내용증명을 보내는 대부분 사람은 정작 내용증명을 왜 보내는 것인지 정확하게 알지 못한다.

내용증명이란 '내용증명 우편'의 줄임말이다. 내용증명 우편은 우체국에서 보낼 수 있는 여러 가지 우편 종류 중 하나이다. 누군가 우체국에서 등기우편을 발송하면, 우체국은 보낸 사람과 받는 사람, 보낸 일시만을 기록으로 남긴다(일반우편은 우편 취급 지역 외에 아무런 기록이 남지 않는다). 그러나 내용증명 우편은 누가 누구에게 보냈는지, 누가 받았는지, 그리고 그 내용이 무엇인지까지 우체국이 증명해 준다. 간혹 일부 사람들이, '내용증명 우편을 보내고 일정 기간 안에 상대방이 답변하지 않으면 내용증명 우편에 적혀 있는 대로 효력이 발생한다.'라고 알고 있는 일도 있으나, 이는 잘못된 내용이니 안심해도 된다.

내용증명 우편은 어떠한 의사표시의 내용과 그 의사표시를 한 시점이 소송의 승패를 결정하는 중요한 증거일 때 이용할 필요성이 존재한다. 이

것은 '기간'과 깊은 관련이 있는 경우가 많다. 예를 들어 주택임대차의 경우, 갱신을 위해서는 계약이 만료되기 전 일정 기간 내에 갱신 또는 갱신 거절의 의사를 표시해야 하는데, 내용증명 우편을 이용하면 내가 법률에 규정된 기간 내에 상대방에게 갱신의 의사를 표시하였다는 사실을 명확하게 남길 수 있는 것이다. 다만 스마트폰이 일상이 된 요즘에는 문자메시지, 메신저, 이메일 등을 통해 내가 상대방에게 언제, 어떠한 내용의 의사를 표시하였다는 사실이 확인되기 때문에, 내용증명 우편의 필요성은 과거에 비해 많이 줄어들었다.

그런데 이와 같은 내용증명 우편의 기능과는 다르게, 일반인들 사이에서 내용증명 우편은 무엇인가 '경고'하는 의미로 사용될 때가 많다. 예를 들어 '당신은 이런저런 이유로 나에게 돈을 주어야 할 의무가 있음을 알리며, 이 내용증명을 받고 2주 이내에 나에게 돈을 주지 않으면 소송을 시작하겠다.'라는 등이다. 사실 이러한 내용은 꼭 내용증명 우편으로 보내야 할 내용이라고 보기는 어렵다. 이러한 내용이라면 일반우편이나 문자메시지, 카카오톡을 이용해도 무관할 것이다. 그러나 왠지 내용증명 우편으로 보내면 뭔가 더 강력하고 결의에 찬 느낌을 준다는 인식이 있어서 그런지는 몰라도, 많은 사람이 소송을 시작하기 전 상대방에게 내용증명 우편을 보내 최후통첩을 하곤 한다(최후통첩을 했다가도 상대방이 장문의 내용증명으로 반박하면 그에 대한 반박 내용증명 우편을 다시 보내기도 한다. 최후통첩의 최후통첩인 셈이다). 그러나 필자는 이와 같은 내용증명 우편의 발송을 비롯한 최후통첩은 쓸모없다고 보는 견해다.

이유는 이렇다. 내용증명 우편까지 발송할 상황이라는 것은 어떠한 문제가 원만하게 해결되기 어려울 지경이 되었다는 것을 의미하는데, 상대방이 내용증명 우편을 받고 내가 원하는 것을 해 줄 사람이라면, 애초에 상황이 이렇게 악화되지도 않았을 것이다. 또한 앞서 언급한 가압류나 가처분 등은 되도록 상대방이 눈치채지 못하는 상태에서 기습적으로 이루어져야만 효과가 극대화되기 마련인데, 내용증명 우편을 보내 내가 법적 절차를 진행할 것이라는 계획을 이야기해 버리면, 상대방은 그것을 대비해 주요 증거를 인멸하거나 자기 재산을 빼돌릴 수도 있을 것이다. 이처럼 경고성 내용증명 우편은 상대방에게 '나의 단호함'을 과시(?)하는 것 외에 실질적으로 소송에 도움이 될 만한 부분은 없다는 것이 필자의 의견이다.

한편, 상대방에게 내용증명 우편을 받고도 답장하지 않으면 상대방의 주장을 모두 인정한 것 같은(또는 상대방에게 말싸움에서 패배한 것 같은) 기분이 들어 매우 찝찝할 수 있다. 그러나 소송이 시작되기 전, 당사자끼리 아무리 많은 내용증명 우편을 주고받아도, 소송이 시작되면 내용증명 우편에 기재했던 주장과 증거를 전부 다시 제출해야만 하는데, 어차피 나중에 다시 제출해야 할 이야기를 굳이 시간과 돈을 들여 상대방에게 미리 보낼 필요는 없다. 더욱이 소송에서는 상대방의 거짓말을 기다렸다가 결정적인 반박 증거를 내는 등의 기술이 필요한 경우도 많은데, 미리 내용증명 우편을 주고받으며 내가 가진 무기들을 다 보여 주게 되면, 상대방은 그것에 맞춰 또 다른 거짓말과 증거를 준비하게 될 것이다. 결국 내가 내용증명 우편을 상대방에게 보내는 경우와 마찬가지로 내가 상대방으로부터 내용증명 우편을 받았을 때도, 굳이 상대방의 주장을 반박하는 내용의 답장을 보낼 필요성은 별로 없다고 볼 수 있다.

　필자의 경험상 소송에서, 내가 상대방의 내용증명에 대답하지 않았다는 사실을 두고, 상대방의 주장을 모두 인정하였다고 판단되었던 사건은 없었다. 다만 앞서 언급한 대로 답장을 하지 않고 있으면 '뭔가 지는 기분'이 드는 것은 사실이다. 따라서 상대방으로부터 내용증명 우편을 받아 답장을 보내고 싶다면, '당신의 주장은 전혀 사실과 다르고 인정할 수도 없다. 대꾸할 가치가 없어 이만 줄인다.'라는 정도로 간략하게 적는 것을 권한다.

　이처럼, 내용증명 우편은 일방적인 통보, 말싸움 등을 위해 사용한다면, 이후의 소송 절차를 생각해 보았을 때 득보다 실이 큰 경우가 많으므로, 기능상 이용해야 할 필요성이 있을 때만 이용하는 것을 권한다.

자.
변론기일, 의뢰인 출석 필요성

형사소송에서 공판기일은 피고인이 반드시 출석해야만 진행이 되기 때문에(소수의 예외를 제외하고) 공판기일에 갈지 말지 고민할 필요가 없다. 그러나 그 외의 소송의 경우, 변론기일은 변호사가 의뢰인 대신 출석해서 소송을 진행할 수 있으므로, 의뢰인이 출석하지 않더라도 소송의 진행에는 아무 문제가 없다. 그럼에도 불구하고 의뢰인이 변론기일에 출석해야만 하는 이유가 있을까?

의뢰인이 변론기일에 직접 출석하지 않더라도 변호사만 출석하면 소송은 아무 문제 없이 진행된다(예외적으로 판사가 변론기일에 의뢰인의 출석을 요청하는 경우가 있다. 주로 가사사건에서 많이 벌어진다). 그리고 변론이라는 것은 본래 말로 하는 것이 원칙이지만, 실제 변론기일에서는 변론기일 전에 제출한 준비서면을 "진술합니다."라는 한마디 말로 변론을 한 것으로 갈음하는 경우가 대부분이어서, 상당수의 변론기일은 의자에 엉덩이를 붙이자마자 끝나 버리기 일쑤다. 이런 부분을 생각하면 의뢰인으로서는 '내가 변론기일에 변호사와 함께 출석하는 것이 어떤 의미가 있는 것인가?' 하는 생각이 들 수도 있다. 그럼에도 불구하고 필자는 웬만하면 의뢰인도 변론기일에 참석하는 것을 권하는 편이다.

사실 변호사의 입장에서, 의뢰인이 변론기일에 출석하지 않는 것이 좀 더 편하긴 하다. 의뢰인 없다면, 변호사가 판사의 질문에 우물쭈물한 모습을 보이더라도, 다음 준비서면을 잘 작성하기만 한다면 소송은 큰 문제 없이 진행되므로, 변론기일에 대한 변호사의 심리적 부담은 크지 않다. 그러나 의뢰인이 변호사와 함께 출석한 경우, 변호사가 말문이 막혀 우물쭈물하는 모습을 의뢰인이 옆에서 직접 보게 되면, 의뢰인은 당장 재판에서 질 수도 있겠다는 생각을 갖고 불안에 떨 수 있으므로, 변호사로서는 그러한 '준비 안 된' 모습을 보여 줄 수는 없을 것이다. 따라서 의뢰인이 변론기일에 참석하는 경우, 변호사는 아무래도 변론기일을 위한 준비를 조금이라도 더 할 수밖에 없는 것이다. 필자가 소송의 의뢰인에게 변론기일 출석을 권하는 이유가 이것이다. 의뢰인이 변론기일에 출석한다고 해서 무엇인가 특별한 이득을 취하는 것은 아니지만, 변호사에게는 의뢰인이 참석한다는 사실 자체만으로 조금이라도 더 긴장된 마음으로 변론을 준비할 수밖에 없게 된다.

사실 소송의 바람직한 진행의 관점에서 보자면, 변호사로서도 의뢰인이 변론기일에 출석함으로 인해 얻는 장점이 많다. 변호사라고 하더라도 사건에 대해 완전히 상세하게 알고 있지는 못하기 때문에 판사의 질문에 정확하게 대답하지 못할 때도 있는데, 그때 의뢰인이 옆에 있으면 판사의 질문에 대해 의뢰인이 대신 정확하게 대답해 줄 수 있을 것이고, 판사가 많은 이야기를 하더라도 변론기일 후 의뢰인과 변호사가 함께 판사의 말을 되새겨 볼 수도 있을 것이다. 또한 변론기일의 전체적인 분위기가 우리에게 불리하다고 느껴지는 경우 변호사로서는 그러한 분위기를 의뢰인에게 알려주어야 하는데, 변론기일을 직접 겪어 보지 않는 의뢰인은 변호사의 설명을 받아들이기 어려워하는 경우도 많다(변호사의 언변이나 소송 진행 능력을 의심하기도 한다). 그러나 의뢰인이 변론기일에 직접 참석해서 분위기를 느끼게 되면, 의뢰인은 변호사에 대해 어떠한 오해 없이, 불리하게 진행되고 있는 분위기를 감지할 수 있을 것이다.

이처럼 의뢰인과 변호사가 서로 조금 어색하고 불편한 것을 제외하면, 의뢰인이 변호사와 함께 변론기일에 참석하는 것은 좋은 점이 훨씬 더 많다. 그러니 변호사가 변론기일에 참석할 필요가 없다고 이야기 하더라도, 시간이 허락한다면 변론기일에 직접 참석하기를 권한다.

차.
판결 선고기일, 의뢰인 출석 필요성(민사, 가사, 행정소송)

 소송이 시작된 뒤 변론기일 또는 공판기일이 몇 차례 진행되면, 판사는 변론을 종결하고 판결선고기일을 지정한 뒤, 지정된 판결선고기일에 판결을 선고한다. 예외적으로 민사 소액사건 중 일부와 형사소송 중 벌금형을 선고하는 사건 일부는 변론기일 또는 공판기일 당일, 변론을 종결하고 선고까지 하는 경우가 있지만, 대부분은 판결선고기일을 지정하여 그때 판결을 선고한다.[28]

 일반 사람들이 판결선고기일에 오해하는 부분이 있다. 판사가 판결선고기일에 판결문을 천천히 처음부터 끝까지 읽어 준다고 생각하는 것이다. TV에서 접하는 주요 소송들에 대한 선고 생중계나, 드라마, 영화에서 나오는 판결선고 장면을 보면, 판사는 판결문을 처음부터 끝까지 아주 친절한 말투로 읽어 준다. 그러나 안타깝게도 판결선고기일에 판결문을 다 읽어 주는 판사는 거의 없다고 해도 과언이 아니다. 실제 판결선고기일에

---

[28] 형사소송의 경우, 벌금형이 선고될 때는 선고기일에 출석하지 않아도 되지만, 그 외의 경우 피고인은 무조건 출석해야만 한다.

출석해 보면 알겠지만, 민사, 가사, 행정소송의 경우 판사는 판결문의 주문만을 읽어 주는 것이 보통이다.[29] 왜 그러한 판결을 했는지, 그 과정에 어떠한 요소가 고려되었는지에 대해서는 거의 이야기해 주지 않는다.

판결의 이유 또는 판결의 내용은 판결문을 직접 보기 전까지는 알 수 없다. 그런데 판결문은 선고 즉시 나오지 않는다. 판결문은 이르면 판결이 선고된 뒤 몇 시간 후에 나오기도 하지만 보통은 선고 당일 오후부터 다음 날 오후 사이에 나오고, 늦으면 2~3일 뒤에, 많이 늦으면 1주일 뒤에 나오기도 한다. 앞서 언급한 대로 판결문을 받기 전에 판결 이유를 알 방법은 없다. 반면 판결의 승패는 사실 앞서 설명했던 전자소송포털 사이트에서 확인할 수 있다. 요즘은 거의 선고와 동시에 나의사건검색 창에 '원고승' 또는 '원고 일부승', '원고패' 등의 결과가 입력되어, 판결선고기일에 출석하지 않아도 승패 자체는 알 수 있다. 따라서 변호사는 특별한 사정이 없다면 판결선고기일에 출석하지 않고, 간혹 중요한 사건들에 대해서만 직원으로 하여금 판결선고기일에 출석하도록 하여, 판결 결과를 즉시 파악하도록 하는 경우가 많다.

판결이 왜 이렇게 나왔는지, 그 이유가 무엇인지, 어떠한 부분이 부족해

---

29) 선고기일의 상황을 재연하면 이렇다. "2023가단99999 사건 선고합니다. 피고는 원고에게 53,740,000원 및 이에 대한 2023. 6. 9.부터 2024. 1. 21.까지는 연 5%, 그다음 날부터 다 갚는 날까지는 연 12%의 비율로 계산한 돈을 지급하라. 원고의 나머지 청구를 기각한다. 소송비용 중 10%는 원고가, 90% 피고가 부담한다. 제1항은 가집행할 수 있다. 다음 사건 선고합니다. 2024가단00000 사건~~."

서 또는 어떠한 공격이 효과적이어서 판결이 이렇게 나온 것인지, 항소는 해야 할지 말아야 할지 등에 대해 논의하는 것은 판결문을 본 뒤에만 가능하다. 단순히 판결 결과만 들어서는 아무것도 판단할 수가 없다(심지어 내가 잘못 들었을 가능성도 배제할 수 없다). 즉, 의뢰인이 판결에 대해 변호사와 상의하기 위해서는 판결문이 나올 때까지 기다릴 수밖에 없는 것이다.

결국, 의뢰인이 판결선고기일에 직접 참석할 필요성은 크지 않다고 볼 수 있다(여기서는 민사·가사·행정소송의 경우를 말하고, 형사소송에서의 피고인은 대부분 판결선고기일에 출석해야 함에 유의해야 한다). 판결의 결론이 궁금한 경우 즉, 누가 얼마나 이겼는지가 너무너무 궁금한 경우에는 판결선고기일에 출석해야 할 것이지만, 그렇지 않다면 판결선고기일은 생업을 제쳐 두고 출석해야 할 만큼의 의미가 있는 날이라고 보기는 어렵다. 따라서 판결선고기일에는 굳이 출석하지 말고, 판결문이 송달될 때까지 기다리는 것을 권한다.

카.
조정기일 유의사항

앞서 설명한 바와 같이 조정기일이란 소송의 당사자들이 모여 협상하는 날이다. 조정기일은 대개 조정위원들이 진행하지만 드물게 판사가 진행할 때도 있다. 조정기일의 진행 방식은 큰 틀에서는 비슷비슷하지만, 세부적으로는 조정을 주관하는 사람의 스타일에 따라 각각 다르다.

조정기일은 보통 법정이 아닌 '조정실'이라는 곳에서 진행된다(드물게 법정에서 진행되는 일도 있다). 조정실은 법정보다는 훨씬 작은 방이다. 그 방에 조정위원(또는 판사)과 원고, 피고, 그리고 변호사들이 한 테이블에 함께 앉는다. 조정위원이 진행하는 조정기일의 경우, 절차와 방법은 조정위원마다 다르지만, 한쪽의 이야기를 먼저 듣고(그동안 상대방은 밖에 나가 있도록 한다), 그다음 다른 한쪽의 이야기를 듣는 형태로 진행되는 경우가 많다. 이러한 과정을 반복한 뒤 양쪽이 합의에 도달하면 그 내용을 조정조서로 기록한다. 그리고 양측이 내용을 확인한 뒤 조정조서에 서명하고, 사건 담당 판사가 내려와 내용을 보고 마무리를 짓는다(사건 담당 판사가 내려와 조정조서를 작성하고, 당사자들은 그때 서명을 하는 경우도 많다). 만약 합의에 이르지 못하면 양측이 그대로 집에 돌아가면

되는데, 양측이 자리를 떠나기 전, 마지막으로 사건 담당 판사가 내려와 조정을 마무리하는 이야기를 하기도 한다.

이 글은 변호사를 선임한 의뢰인들을 위한 글이므로, 조정기일의 진행과 관련된 상세한 내용은 생략하고, 몇 가지 주의할 사항만 짚고 넘어가도록 한다.

반드시 명심해야 할 점은 조정기일에 합의점이 도출되어 조정조서가 작성되고, 거기에 변호사 또는 의뢰인이 서명하는 순간, 소송은 그것으로 완전히 끝난다는 점이다. 이 말은, 그 소송에 대해서는 항소, 상고 등과 같은 불복이 불가능하다는 의미이다. 그런데 소송이 처음인 의뢰인의 경우, 그곳에서 자신의 의견을 표현하기 어려워하는 경우가 있다. 조정위원과 변호사들이 합의의 분위기를 만들어 가면, "제 생각은 다릅니다."라고 말하기 어려워하는 것이다. 그러나 분위기에 휩쓸려 조정조서에 서명한다면 모든 것이 돌이킬 수 없는 상태가 되기 때문에, 적어도 조정조서에 서명하는 것은 마지막까지도 신중에 신중을 기할 필요가 있다. 필자가 로펌의 고용변호사로 일할 때도, 다른 동료 변호사의 사건에서, 직접 조정을 한 의뢰인이 찾아와 소송을 다시 하게 해 달라고 난동(?)을 부린 적이 있다. 의뢰인 자신이 신중한 고민 끝에 상대방과 합의하는 것이 제일 나은 선택이라고 생각하여 조정조서에 서명했다면 그러한 일이 없었을 것이지만, 어떤 이유에서든 의뢰인 스스로 확신이 없는 상태에서 조정조서에 서명하면, 뒤늦게 집에 돌아가 자신의 행동을 크게 후회할 수 있다. 조정 내용에 확신이 없는 경우 조정을 하지 않거나, 적어도 '조정을 갈음하는 결정' 등으로 조정안을 받고, 2주 동안 심사숙고할 시간을 달라고 요청하는 것이 좋다. 그럼에도 불구하고 자신이 너무 소심해서 '싫다.'라는 이야기를 못 하는 성격이라면, 차라리 조정실을 박차고 나가 버리는 것이 현명한 선택이다.

이처럼 조정기일에서 조정조서에 서명하는 것은 돌이킬 수 없는 결과를 발생시킨다는 점을 유념하고, 언제든 '싫다.'라고 말할 수 있는 마음을 가지고 조정에 임하도록 하자.

타.
소송은 얼마나 걸릴까 - 소송이 오래 걸리는 이유

　소송은 참 오래 걸린다. 소송 과정 자체만 보더라도 모든 절차가 완료되려면 참 오래 걸리는데, 소송을 준비하는 과정, 소송 후 강제집행을 하는 과정, 소송비용확정신청에 관한 결과가 나오는 과정 등을 생각해 보면 정말 속이 터질 지경이다. 소송을 시작하기 전 의뢰인이 이러한 사실을 미리 알고 있었다면 그나마 덜 막막할 텐데, 아무것도 모르는 상태에서 일단 소송을 시작한 뒤 별다른 일도 없으면서 시간만 지나가는 상황을 지켜보고 있노라면 의뢰인은 속이 새까맣게 타들어 가기 마련이다(종종 사건이 지연되는 것에 대해 변호사를 탓하는 의뢰인들도 있다. 그러나 사건이 지연되는 현상은 변호사가 어찌할 수 없는 경우가 많다. 필자의 경우, 고용변호사 시절 소송 지연이 필자의 탓이라고 오해한 의뢰인이 건달 같은 사람을 대동하고 로펌 사무실에 찾아와 난동을 부린 일도 있었다).

　소송별로 약간의 차이는 있지만, 필자의 경험상 2024년을 기준으로 보면 어떤 소송이든 1심이 끝나는 데는 짧게는 5개월, 평균적으로 1년 남짓, 소송이 조금 길어진다 싶으면 최대 약 3년까지 소요되는 것으로 보인다(형사소송에서 자백하는 경우는 제외한다). 형사소송의 경우, 피고인이 구속된 경우에 비해 구속되지 않았을 때 소송이 상대적으로 (매우)길어지는 경우가 많다. 소송이 매우 길게 진행된다는 점은 통계자료에서도 확인된다.

〈대법원 사법연감 중 민사본안사건의 평균처리기간〉[30]

민사본안사건의 평균처리기간 (표 29) (단위 : 일)

구분		심급	제 1 심			항 소 심		상 고 심	
			합의	단독	소액	고법	지법	합의	단독(소액포함)
종이소송+전자소송	처리	계	473.4 [473.3]	222.2 [222.2]	133.3	323.8	329.4	397.2 [164.7]	115.7
	판	결	582.7 [582.7]	244.6 [244.6]	158.6	343.6	376.6	166.2 [165.5]	118.0
	기	타	269.3 [269.3]	179.0 [179.0]	96.0	261.3	243.7	760.4 [123.1]	69.5
전자소송	처리	계	473.6 [473.5]	222.3 [222.3]	133.2	323.7	329.5	160.8 [160.0]	113.7
	판	결	582.7 [582.7]	244.7 [244.7]	158.4	343.3	376.5	163.4 [162.6]	115.9
	기	타	269.5 [269.5]	179.1 [179.1]	95.9	261.3	243.5	111.7 [111.7]	69.4

〈대법원 사법연감 중 형사공판사건의 평균처리기간〉[31]

형사공판사건의 평균처리기간 (표 114) (단위 : 일)

구분		심급	제 1 심		항 소 심		상 고 심	
			합의	단독	고등법원	지방법원	1심 합의	1심 단독
구	속		144.1	110.7	127.9	96.3	55.4	41.4
불	구	속	228.7	180.7	194.9	290.2	155.1	98.2

주 : 상고심 1심 합의에는 군사재판사건이 포함됨

필자의 경험을 토대로 이야기하자면, 일단 민사, 가사, 행정소송의 경우, 1심 소장이 제출되고 첫 변론기일이 지정되기까지 약 3~4개월 정도가

---

30) 출처 : https://www.scourt.go.kr/portal/justicesta/JusticestaListAction.work?gubun=10
31) 출처 : 각주 27과 같음

소요된다(법원에 따라 조금씩 차이가 있을 수 있다). 그다음 변론기일은 약 1개월의 기간을 두고 지정되고, 마지막 변론기일 후 선고기일은 평균적으로는 1개월 뒤에 지정이 되지만 그보다 짧거나 긴 경우도 많다.

  형사소송의 경우 검사가 공소를 제기하고 첫 공판기일이 지정되기까지는 대개 긴 시간이 걸리지 않는다. 그러나 피고인이 무죄를 주장하는 사건에서는 증인신문이 이루어지는 경우가 많은데 이때 많은 시간이 소요된다. 일단 검사나 피고인이 법원에 증인신청서를 제출하고, 법원이 증인에게 증인소환장을 발송하는데도 적지 않은 기간이 소요된다. 게다가 이후 보통 집배원이 증인소환장 전달을 위해 증인의 집을 방문 하였는데 증인이 부재중인 경우, 집배원은 며칠의 간격을 두고 1~2회 정도 다시 증인소환장 전달을 위해 방문하고(그 과정에서 현관문에 우편물을 찾아가라는 스티커를 붙인다), 그때도 계속 당사자가 집에 없으면 우체국은 일정 기간 우편물을 보관하다가 증인소환장을 법원으로 반송하는데, 이때 1~2개월이 소요된다. 그런데 그 증인이 매우 중요한 증인이라면, 판사는 증인을 출석시키기 위해 위와 같은 과정을 적어도 2~3번 반복할 수밖에 없으므로, 이렇게 되면 증인 소환장을 증인에게 송달하는 데만 반년 이상이 걸릴 수도 있는 것이다. 더욱이 증인들이 증인소환장을 받고도 법원에 출석하지 않는 경우도 다반사다. 이런 사정들로 증인이 공판기일에 출석하지 않으면, 공판기일은 아무것도 진행되지 못한 채 속행되고, 그만큼 소송은 지연된다.

  그밖에 소송은 사실조회신청(금융거래정보제출명령신청, 문서제출명령 등)과 그에 대한 회신을 받기 위해 지연되기도 하고, 법원의 휴정기(7월 말과 8월 초 총 2주 동안의 하계휴정기, 그리고 12월 말과 1월 초 총 2주, 법원마다 다를 수 있음)로 인해 재판이 지연되기도 한다. 그러나 이와 같은 사유들보다도, 필자가 보기에 소송 지연의 가장 큰 이유는 바로 법원 인사이동이다. 법원의 인사이동 시즌은 2월 말로, 이때 판사들과 법원 직원들의 재배치가 일어난다. 이에 따라 2월은 초순이 넘어가면 변론기일이 거의 열리지 않는다. 그런데 이러한 인사이동 그 자체보다도, 인사이동의 연쇄효과로 인해 재판은 더욱 길게 지연되는 경우가 많다.

내 사건을 처리하던 판사가 인사이동의 대상이 되어 새로 온 판사가 내 사건을 심리하게 되는 경우를 가정하자. 내 사건을 심리하던 판사가 자신의 인사이동 사실을 알게 된 경우, 내 사건에 대해 심리할 사항이 아직 많이 남아 있어 인사이동 전에 판결을 선고하기가 어렵다면, 그 판사는 내 사건의 심리에 대한 적극성이 현저히 떨어지는 경우가 많다. 이때 판사는 평소 같으면 원고나 피고에게 입증을 촉구할 일도, 가만히 놔뒀다가 변론기일에 "이 부분이 미진하니 검토해 보세요."라고 하면서 기일을 속행한다거나, 원고나 피고의 이런저런 증거신청 등도 굉장히 관대한 태도로 일단 받아 주곤 한다. 이 경우 인사이동을 통해 새로운 판사가 온 뒤에야 실질적인 심리가 진행된다.

반대로, 인사이동으로 인해 판사가 변경된 경우, 새로 온 판사가 맡게 된 사건 중 사실관계가 매우 복잡하고 증거의 숫자도 엄청나게 많은 사건이 있다면, 그 사건이 매우 오래전에 시작되어 절차 대부분이 마무리된 사건이라고 하더라도, 판사에게는 사건기록을 처음부터 끝까지 검토할 시간이 필요할 것이다. 따라서 새로 온 판사는 그 사건과 관련하여 더 이상 진행할 절차가 남아 있지 않더라도 곧바로 판결을 선고하지 않는 경우가 많다. 대신 그 사건을 검토할 시간을 벌기 위해, 때로는 원고와 피고에게 사정을 설명하기도 하고, 미흡한 점에 대한 보완을 요청하기도 하면서 판결선고기일을 뒤로 미루곤 한다(필요에 따라 종결된 변론을 재개하기도 하고, 뒤늦게 증인신문 등을 실시하기도 한다). 이때에도 사건은 몇 개월간 실질적인 진행 없이 시간만 흐르게 된다.

물론 판사로서는 이와 같은 일은 벌어지지 않는다고 이야기할 수 있다. 그러나 이는 소송을 많이 해 본 사람이라면 느낄 수밖에 없는 부분이다. 왜냐하면 같은 판사라도 내가 이 사건에 대해서 반드시 판결을 선고하겠다는 생각을 가진 판사의 사건 진행 태도와, 그렇지 않은 판사의 태도는 확연히 차이가 나기 때문이다. 필자가 진행한 어떤 복잡한 사건의 경우, 원·피고 모두 사실상 더 할 것이 없을 만큼 사건이 진행되었음에도, 9월부터 기일을 미루기 시작하더니 결국 판결도 연기한 채 다음 해 2월 인사이동이 다가와, 바뀐 판사가 사건을 마무리하기도 하였다.

법원 인사이동과 더불어 소송을 지연시키는 주된 요인 중 하나는 바로 조정기일의 진행이라는 것이 필자의 생각이다(형사소송 제외). 앞에서 설명하였다시피 조정은 원고와 피고가 만나 서로 합의하는 자리를 갖는 것을 말한다. 그런데 조정기일은 그 사건을 심리하던 재판부에서 자체적으로 실시하는 경우보다는, 각 법원의 조정사건전담부에서 실시하는 경우가 많다. 이를 위해 사건은 조정사건전담부로 이송되고 새로운 조정사건 번호가 부여되는데, 이때 엄청나게 긴 시간이 소요된다. 경험상 한 사건이 조정사건전담부로 재배당되는 데 약 1달 정도, 조정기일이 지정되기까지 약 2개월 정도, 조정이 불성립된 뒤 다시 본래의 사건으로 돌아가 변론기일이 지정되기까지 또 2~3개월 정도가 소요된다. 즉, 조정기일 한 번을 위해 소송이 5~6개월 정도 늘어지는 것이다. 조정이 성립된다면 사건이 매우 빠르게 종결되겠지만, 경험상 조정이 성립되는 경우보다는 조정이 성립되지 않는 경우가 더 많으므로, 조정기일로 인해 사건은 오히려 장기화되는 경우가 많은 것으로 보인다.

한편, 어떤 소송이든 항소심은 첫 변론 또는 공판기일로부터 약 6개월 안에 끝나는 경우가 많았다. 다만, 항소장을 제출한 뒤 항소심 첫 기일이 잡히기까지 매우 오랜 시간이 걸린 경우가 많았다. 법원마다 다르고 사건마다 다르겠지만, 필자는 의뢰인들에게 항소장 제출 후 항소심 첫 기일이 잡히기까지 약 10개월 정도 걸린다고 안내한다. 결국 항소심의 심리 자체는 시간이 그리 오래 걸리지 않는다고 하더라도, 항소장을 제출한 뒤 첫 기일이 잡히기까지 많은 시간이 소요되므로, 항소장 제출 시점으로부터 항소심 판결이 선고되기까지는 1심과 비슷한 시간이 걸린다고 볼 수 있다. 단 형사사건에서 구속된 피고인의 경우, 심급마다 구속 기간이 정해져 있으므로 비교적 공판기일이 빨리 잡힌다.

상고심(대법원)의 경우, 민사소송은 대부분 상고 후 약 4개월 안에 심리불속행 상고기각 판결로 끝난다(심리불속행으로 상고가 기각될 때는 별도의 선고기일이 지정되지 않는다). 다만 4개월 안에 끝나지 않는다면 대법원이 사건을 깊이 있게 검토하고 있다고 생각하면 되는데, 이때에는 언제 판결이 선고될지 아무도 예측할 수 없다. 형사소송의 경우 심리불속행 제도가 없으므로 상고가 기각되는 사건도 4개월 이상 소요되는 경우가 많으나, 6개월 전후로 판결이 선고되는 경우가 많다. 마찬가지로 형사소송 상고심이 6개월이 넘도록 판결선고가 이루어지지 않았다면, 판결이 언제 선고될지는 아무도 알 수 없다.

이상과 같은 사정들을 종합적으로 고려하면, 사건이 상고심까지 마무리되기까지는 넉넉하게 2~3년 정도의 시간이 필요하다고 볼 수 있다. 부디 이러한 현실을 미리 알고 조급한 마음을 갖지 않길 바란다.

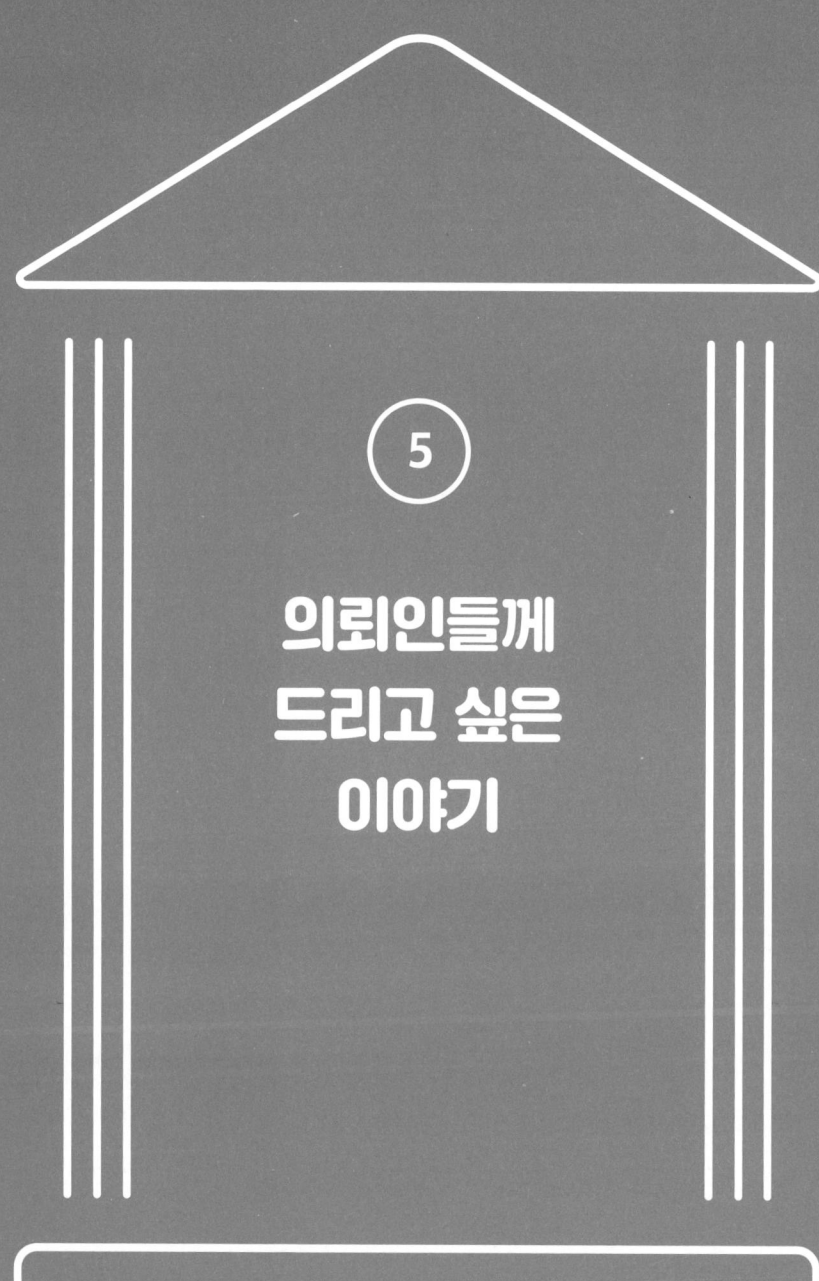

가.
법적 절차로 완벽한 승리를 가질 수는 없다

소송이나 고소 등의 법적 절차는 보통 어떠한 분쟁이 심각해질 대로 심각해져 해결 방법이 더 이상 없을 때, 분쟁을 해결하기 위한 마지막 수단으로 선택된다. 법적 절차의 진행을 결심한 의뢰인은 대부분 증오와 분노, 복수심으로 가득 차 있다. 이들은 법적 절차에서 승리하여 상대방을 굴복시키고자 하는 열망이 매우 강하다. 법적 절차를 통해 내가 느낀 모멸감, 분노, 굴욕감을 상대방에게 100배, 1,000배 이상으로 되갚아 주겠다는 것이다.

그런데 '법적 절차에서 승리하여 나는 승리의 기쁨을 만끽할 것이고 상대방은 처절한 패배감을 느끼도록 해 주리라.'라는 목표에는 두 가지 가정이 필요하다. '승리한 사람은 날아갈 듯한 승리의 기분을 만끽한다.'라는 것과 '패배한 사람은 처절한 패배감을 느낀다.'라는 가정이다. 법적 절차에서의 승리와 패배가, 과연 당사자들에게 그와 같은 의미로 다가올까? 안타깝지만 필자가 느낀 바로는 그렇지 않다.

승리감 또는 패배감이란 당사자들의 상대적인 느낌에 불과하다. 즉, 내가 승리의 기쁨을 마음속 깊이 온몸으로 느끼기 위해서는 단지 내가 상대방을 '이겼다.'라는 객관적인 성적표만으로는 부족한 것이다. 오히려 내가 이겼다는 객관적인 성적표가 존재하지 않더라도, 나의 노력으로 인해 상대방이 굴욕감과 절망감을 느끼고 정신적·물질적으로 큰 고통을 받는다면, 나는 승리한 것과 같은 감정을 느낄 수 있다. 그런데 엄밀히 말하면 그것만으로도 충분치 않다. 상대방이 패배감을 느끼고 고통을 받는 모습이 밖으로도 드러나야 하고, 내가 그러한 모습을 분명하게 확인해야만 한다. 즉, 마음속 깊이 만족스러운 승리의 기분을 느끼기 위해서는, 나의 노력으로 인해 상대방의 인생이 나락으로 빠져들어야만 하고, 그 모습을 내가 직접 두 눈으로 분명하게 확인해야만 하는 것이다. 그러나 이와 같은 상황은 실제로 거의 일어나지 않는다.

많은 사람이 법적 절차를 통해 완벽한 승리를 쟁취하고, 상대방에게 완벽한 패배를 선사하고 싶어 한다. 그러나 법적 절차에서 승리한 사람 대부분은 모든 절차가 끝난 후에 승리감보다는 상대방에 대한 여전한 분노와 허무함을 많이 느낀다. 예를 들어 내가 법적 절차에서 승리하면 상대방은 패배한 판결문으로 인해 직장에서 해고되고, 은행 거래가 마비되고, 어딜 가나 주변 사람들로부터 손가락질받는 상황에 처할 줄 알았지만, 막상 판결이 선고되자 상대방은 '알지도 못하는 판사 놈이 쓴 종이 쪼가리'라고 생각하며 전혀 반성하는 기미를 보이지 않는 것만 같고, 감옥에 가서도 마치 호텔에 있는 것 같은 태도를 보이며, 다른 사람의 사업자 등록과 통장을 가지고 아무런 불편 없이 사회생활을 하는 것처럼 보이는 것이다. 더욱이 주변 사람들도 생각보다 이 사건에 관심이 없고, 일부 사람들은 오히려 상대방이 이겼다고 잘못 알고 있기도 하다. 이러한 모습을 보면 과연 몇 년에 걸친 법적 절차는 대체 무엇을 위해 진행했던 것인지, 허무함과 분노가 밀려오는 것이다.

이처럼 법적 절차에서 승리한 사람이 오히려 진 것 같은 기분을 느끼는 이유는 간단하다. 법적 절차라는 것은 최대한 객관적인 시각에서 제3자가 분쟁에 대해 판정을 내려주는 것일 뿐, 애초에 승리한 사람에게 공식적인 명예를 선사하는 절차도 아니고, 패배한 사람을 사회에서 매장해 버리는 절차도 아니었기 때문이다. 법적 절차라는 것은 그저 정해진 절차에 의해, 최대한 객관적이라고 생각되는 제3자를 통해 사건에 대한 판정을 받고, 정해진 후속 조치를 할 수 있도록 해 주는 절차에 불과하다.

필자는 격앙된 감정을 가지고 법적 절차를 시작하고, 법적 절차가 진행되는 동안 엄청난 노력과 열정을 쏟아부었지만, 절차가 다 끝나기도 전 모든 정신력을 소진하여 법적 절차를 완전히 외면하게 된 사람, 법적 절차에서 승리하였음에도 법적 절차를 진행하기 전과 비교하여 아무것도 달라진 것 없는 현실에 허무함을 느끼는 사람, 패배한 상대방이 이전보다 더 잘 사는 모습을 보고 분노에 휩싸인 사람 등, 법적 절차에 대한 잘못된 기대로 인해 큰 실망에 빠진 사람들을 많이 만났다. 이러한 결말을 피하기 위해서는, 결국 법적 절차로 나아가기 전, 나 스스로 이것이 어떠한 절차인지, 내가 이 절차를 통해 무엇을 할 수 있고 무엇을 할 수 없는지를 분명하고 냉정하게 따져 보는 수밖에 없다.

법적 절차를 진행하는 데는 많은 시간과 돈, 그리고 정신력이 필요하다. 그러나 법적 절차에서 승리하더라도 완벽한 승리를 가질 수는 없다. 승리하고도 패배한 것 같은 불행한 경험을 피하기 위해, 부디 이 점을 다시 한 번 생각해 보기를 바란다.

나.
패배라는 결과는 언제든 벌어질 수 있다

진실은 언젠가는 밝혀진다는 이야기가 있다. 법적 절차를 진행하는 모든 사람은 소송에서 진실이 밝혀지기를 원한다. 그러나 구체적으로 살펴보면 사건의 당사자들이 밝혀지기를 원하는 '진실'의 의미는 사전적 의미의 진실 즉, '거짓이 없는 사실'이라는 의미가 아니라, 나의 승리라는 결과이다. 승리라는 결과는 판사의 판단으로 결정된다. 판단은 당연히 주관적이다(판사가 인간이 아닌 신이라면 모를까, 많아 봐야 세 명의 사람이 결정하는 사건의 승패를 '객관적'인 결정이라고 말할 수는 없을 것이다). 사건의 당사자들은 판사 또는 검사에게 객관적이고 공정한 판단을 바란다고 이야기하지만, 실상 당사자들이 바라는 것은 자신에게 유리한 판단이다. 그러나 판사 또는 검사라는 사람은 그저 나와 다를 바 없는 사람으로서, 그 사람은 자기 관점에서 사건을 이해하고 결론을 내린다. 결국 우리는 판사의 마음이 내 마음과 같기를 간절히 바라는 수밖에 없는 것이다.

그러나 우리는 다른 사람들의 생각이 나와 같지 않다는 것을 이미 알고 있다. 단순히 다른 사람들의 마음이 나와 같지 않다는 사실만을 알고 있는 것이 아니라, 어쩌면 세상에 나와 같은 마음을 가지고 있는 사람은 아예 존재하지 않을 수도 있겠다고 생각하기도 한다. 다른 사람들의 생각이 이처럼 나와 다르므로, 판사의 마음이 나와 완전히 같기를 바라는 것은 어떻게 보면 욕심일 수 있다.

또한 내 마음대로 되는 것보다, 내 마음대로 되지 않는 것들이 훨씬 더 많은 것이 인생이다. 내 인생도 내 뜻과 항상 다르게 흘러왔는데, 오직 소송만큼은 내 생각대로 풀려야만 한다는 법칙이 존재할 수는 없다.

더욱이 법률이라는 것은 상식을 바탕으로 만들어진 것이긴 하지만 사회의 균형성과 안정성을 함께 고려하여 만들어졌기 때문에, 인간적, 도덕적인 관점에서 '불쌍한' 사람을 반드시 구제하는 방향으로 규정되어 있지 않다. 또한 많은 사람이 법률은 오류나 오차가 없는 정확한 분쟁 해결 기준일 것으로 생각하지만, 실상 법률은 빈틈이 너무나도 많아 법률 그 자체보다도 해석이 더 중요할 때가 많다. 게다가 최종 판단은 내가 아닌 다른 사람이 하는 것이 소송이기에, 내가 원하는 결론과 다른 결론이 나온다고 하더라도 전혀 이상해할 것이 없다.

따라서 우리는 언제든 패배할 수 있다. 엄청나게 많은 증거를 확보했다고 하더라도, 사건의 내용이 내가 이길 수밖에 없는 것처럼 느껴지더라도, 이길 수도 있고 질 수도 있는 것이다. 이렇게 억울한 상황이 벌어진 것을 보면 대한민국 판검사들은 전부 정신병자인 것이 틀림없다는 생각이 들더라도, 그 생각 역시 맞을 수도 있고 틀릴 수도 있다. 판사가 잘못된 판단을 내린 것인지, 내가 상황을 완전히 잘못 판단한 것인지는 그 누구도 알 수 없다. 패소의 결과는 언제든 나타날 수 있고 때로는 그 결과를 받아들여야만 하는 상황이 다가올 수도 있는 것이다.

회사에서 해고당한 A의 이야기다. A는 1년 계약직을 모집하는 ㄱ회사에 지원하였다. 서류전형에 합격한 A는 ㄱ회사의 대표라고 하는 B에게 면접시험을 본 뒤 합격 통보를 받고 출근을 시작하였다. 회사에는 A 외에 8~9명의 직원이 근무하고 있었고, A도 그들 사이에서 업무를 시작하였다. A는 주로 ㄱ회사의 대표 B가 직접 지시하는 업무를 수행하였다. 그런데 며칠 뒤, A는 우연히 자신이 고용노동부에 근로자로 등록된 회사명은 ㄱ이 아닌 ㄴ이라는 사실과, ㄴ회사의 공식적인 대표는 B가 아닌 C라는 사실을 발견했다. 즉, A는 B의 지시를 받으며 일하였지만, 서류상으로 A는 대표자가 C인 ㄴ회사의 직원이었던 것이다. A는 이러한 점이 마음에 조금 걸렸지만, 1년 계약직인 A가 회사의 공식적인 구조까지 신경 쓸 처지는 아니었기에, 이러한 점을 문제 삼지는 않았다.

약 1개월 후, B는 A를 자신의 방으로 호출하였다. 그리고 B는 A에게 '비밀유지서약서'라는 것을 건네주며 "다른 직원들 모두 이 비밀유지서약서에 서명을 했으니 너도 서명해야 한다."라고 이야기하였다. 다른 회사에서도 직원들에게 비밀유지서약서에 서명을 요구하는 경우가 종종 있는 것으로 알고 있었기에, A는 별다른 생각 없이 서명하려고 하였다. 그런데 자세히 보니 그 비밀유지서약서는 다음과 같이 납득하기 어려운 내용이 포함되어 있었다.

- 비밀유지서약서에 서명하는 순간 비밀 유지를 서약한 날짜는 2년 전으로 소급됨.
- 비밀의 범위는 피고 회사에서 보고 들은 모든 것(구두로 오고 간 것도 포함).
- A는 A가 업무로 만난 상대방도 비밀을 유지하도록 하여야 함.
- 만약 A 또는 A와 접촉했던 사람이 회사의 비밀을 누설하면, A는 회사에 25억 원을 배상하여야 함. 이 경우 A는 25억 원과 별도로 회사로부터 받은 모든 월급과 수당을 반환해야 하고, 회사의 변호사 선임료를 배상하여야 하며, 회사 및 제3자의 손해, 기타 손실액에 대해서도 모두 배상하여야 함.

- 비밀유지의 효력기간은 A의 퇴사 시점으로부터 10년.
- 이 비밀유지서약서는 법원 판결로 무효로 판단되기 전까지는 무조건 효력이 유지됨

비밀유지서약서에 따르면, A가 누설해서는 안 되는 비밀의 범위는 사실상 제한이 없었고, A는 자신뿐만 아니라 회사에서 만난 다른 모든 사람까지 비밀을 누설하지 않도록 해야만 했다. 또한 비밀이 누설되면 A는 회사에 25억 원을 배상하고, 그동안 받았던 월급과 수당도 반환해야 했으며 회사의 변호사비용도 배상하여야 했는데, 비밀유지의무 기간은 퇴사 후 10년이었다. 이러한 내용을 본 A는 비밀유지서약서에 서명 한 번 했다가 인생이 파탄 날 수도 있겠다는 생각이 들었고, 잠시 시간을 달라고 요청하였다. 그러나 B는 다음 날, 그다음 날 계속해서 A에게 서명을 요구하였고, A가 계속 서명을 거부하자 A를 해고했다.

A는 노동위원회에 부당해고 구제신청을 접수하기로 마음먹었다. A는 자신이 당한 해고는 부당한 것이라고 믿어 의심치 않았고, 당연히 노동위원회로부터 구제 결정이 내려질 것이라고 확신했다. A는 부당해고 구제신청서를 작성하면서, 그 회사의 실질 대표였던 B를 사용자로 기재하였다. A의 입장에서는 입사 당시 면접을 본 사람도, 업무 지시를 내린 사람도, 그리고 자신을 해고한 사람도 B였기에, 당연히 B를 사용자로 기재하였던 것이다. 그러나 노동위원회는 ㄴ회사의 등기부상 대표자는 B가 아닌 C라는 점과, 고용노동부에도 A는 B의 직원이 아니라 C의 직원으로 등록되어 있다는 문제 삼으며, A의 부당해고 구제신청은 사용자를 잘못 지정하였다는 이유로 각하한다는 결정을 내렸다.

A는 너무 억울하여 법원에 해고무효확인소송을 제기하였다. 소송에서는 피고를 ㄴ회사로 기재하면 되었기에 실질 대표가 누구인지는 전혀 문제 되지 않았다. A는 자신이 서명을 강요받았던 비밀유지서약서의 내용이 매우 비정상적이었기 때문에, 서명을 거부한다는 이유로 자신을 해고한 회사의 행위는 당연히 무효라는 판결이 나올 것으로 확신했다. 그러나 판사는 ㄴ회사가 취급한다는 비밀이 무엇

> 인지, 비밀의 가치가 얼마인지, 회사의 업무와 관련이 있는지 따져 보지도 않은 채 변론을 종결하였고, 이후 이 회사가 취급하는 비밀은 매우 큰 경제적 가치가 있으므로 25억 원의 손해배상액은 적절하고, 비밀유지서약서의 내용은 민사소송을 통해 무효로 만들 수 있어서 합리적이라는 취지로 A에게 패소판결을 선고하였다.
>
> 이 비밀유지서약서는 초등학생, 심지어 유치원생도 부당하다는 사실을 알 만큼 이상한 내용으로 가득 찬 문서인데, 그에 대한 서명을 거부하였다는 이유로 해고를 당한 사실이 대한민국법원에 의해 정당화될 것이라고는 그 누구도 생각하지 못했을 것이다. 이처럼, '절대 패소할 수 없는 것 같은 사건'에서도 종종 패소판결이 선고되는 것이 현실이다.

이처럼 패배라는 결과는 언제든 벌어질 수 있다. 따라서 내가 만약 패배한다면 그다음에는 무엇을, 어떻게 할 것인가에 대해 계획을 세워 놓을 필요가 있다. 내가 소송에서 패소한다면 항소할지 말지, 항소한다면 변호사를 새로 선임할지 말지, 항소하지 않는다면 어떠한 방향으로 문제를 해결할지, 1심 소송에 모든 것을 걸고 무조건 그 결과를 받아들일지 등, 어떠한 법적 절차에서 패배하는 경우를 가정하여 여러 가지 선택지들을 만들어 놓고 고민해 보기 바란다.

필자는 전혀 예상치 못한 상태에서 패배라는 결과를 맞이한 사람이 큰 정신적 충격으로 인해 무엇을 해야 할지 갈피를 잡지 못하고, 소중한 시간과 정신력을 허비하는 안타까운 경우를 많이 목격했다. 자칫 인생에서 하나의 사건에 불과한 법적 절차 한 번으로 인해 내 인생 자체가 크게 흔들릴 수 있음을 명심해야 한다.

다.
패소 확정 후 같은 소송을 또 제기하지는 말자

　상담을 진행하다 보면 법적 절차에서 패배한 많은 이들이 억울한 마음에 '뭐라도 하나 될 때까지 해 보자.' 하는 마음을 가지고, 같은 절차를 계속해서 반복하려는 경우를 종종 만난다. 민사소송을 예로 들면, 소송의 이름만 조금 바꾸거나, 청구원인(청구의 근거가 되는 법률)만을 살짝 바꾸어 같은 소송을 반복해서 제기하려는 것이다. 억울한 마음은 충분히 이해가 가지만, 필자가 분명히 이야기할 수 있는 것은 '한 번 진 소송은 다음에도 질 확률이 매우 높다.'는 것이다.

　같은 소송을 반복해서 제기해도 되는지, 동일한 소송을 반복 제기해도 이길 수 있는지를 완벽하게 이해하기 위해서는 민사소송법상 '소송물'의 개념과 '기판력'의 개념을 정확히 이해해야 한다. 그러나 이 두 개의 이론은 법학도에게도 매우 어려운 이론으로서 이해하기가 매우 어렵다. 필자는 이러한 이론을 제외하고, 현실적인 관점에서 이 문제에 관해 설명해 보고자 한다.

　만약 A가 B에게 받을 돈이 있다고 생각하는 상황을 가정해 보자. A는

B에게 돈을 달라고 얘기했는데도 B가 돈을 주지 않자 결국 민사소송을 제기했다. A의 생각으로는 자신이 B에게 돈을 받을 이유가 세 가지 정도 있다. 그렇다면 A는 소송에서 이 세 가지 사유 중 어떤 사유를 들어 B에게 돈을 달라고 요구할까? 세 가지 사유가 어떠한 사유인지는 몰라도, A의 입장에서 가장 가능성이 높다고 생각되는 사유를 들어 B에게 돈을 청구할 것이다. 상식적으로 돈을 받아야 할 세 가지 이유 중 가장 가능성이 높은 사유를 아껴 두고, 가능성이 떨어지는 사유를 들며 돈을 달라고 하지는 않을 것이다. 그런데 A의 생각과는 다르게 이 소송에서 A가 패소하였다고 가정해 보자. A는 세 가지 사유 중 가장 가능성이 높은 사유로 청구한 소송에서 패소하였는데, A가 그 사유보다 가능성이 낮은 사유로 2차 소송을 제기한다면, A는 과연 승소할 수 있을까? 결과는 불 보듯 뻔한 일이다.

다른 관점에서 살펴보자. A가 세 가지 돈 받을 사유 중 가장 가능성이 높다고 판단되는 사유를 가지고 B에게 소송을 제기했는데, 판사의 태도를 보았을 때 왠지 패소할 것 같은 분위기를 느꼈다. 이러한 상황에서 A가 과연 세 가지 돈 받을 사유 중 나머지 두 가지를 주장하지 않고, 한 가지 사유로만 밀고 나갈 수 있을까? 보통의 경우, 소송의 당사자는 소송에서 이기기 위해 자신에게 유리한 모든 주장과 모든 증거를 제출하고 판사의 판결을 기다리기 마련이지, 나에게 유리한 주장과 증거를 제출하지 않고 남겨 두지는 않는다. 따라서 패소의 분위기를 감지한 A는 첫 번째 소송에서 돈 받을 세 가지 사유를 모두 주장할 가능성이 매우 높다. 그런 상태에서 A가 패소하였다면, 새로운 소송을 제기하더라도 이전 소송에서 주장했던 세 가지 사유를 반복할 수밖에 없을 것인데, 법원이 이전에 한 판결을 정반대로 뒤집을 확률은 거의 없다. 그렇지 않고 A가 위 세 가지 사유 외에 다른 사유를 찾아낸다고 하더라도, 그 사유는 앞선 세 가지 사유에 비해 승소의 가능성이 매우 낮은 사유일 것이다. 그렇다면 그 사유를 들어 새로운 소송을 제기하더라도, 승소할 확률은 거의 없을 것이다. 이것이 바로 현실적인 관점에서 같은 소송을 반복할 때 승소할 확률이 희박한 이유이다.

또 다른 관점에서 보아도 마찬가지다. 많은 사람이 소송을 법률 또는 법논리로 이루어지는 싸움이라고 생각한다. 그러나 판사가 법률적 판단을 내리는 데 기초로 삼는 것은 법 조항이 아니라 사실관계이다. 사실관계를 먼저 확정하고, 그것을 바탕으로 원고에게 어떠한 청구권이 있는지, 또는 죄가 있는지를 판단하는 것이다. 법률 요건이라는 것도 사람의 행위로 충족되는 경우가 대부분이다. 예를 들어 주택이나 상가임대차의 경우에 임대차계약이 갱신되었는지는 임차인이 기간 내에 갱신의 의사표시를 하였는지에 따라 정해지는 것이다. 이러한 방식은 형사소송에서도 마찬가지로 적용된다. 예를 들어 횡령죄에 있어서 타인 소유의 재물 보관자라는 지위는 그 사람이 평소 어떠한 업무를 어떻게 수행해 왔느냐를 기초로 판단된다. 그런데 첫 번째 소송에서 동일한 당사자 간에 벌어진 사실관계에 대해 법원이 확정된 판결을 했다고 가정할 때, 이후에 벌어지는 소송에서 이전 소송의 사실관계를 무시하고 새로운 사실관계를 인정하는 판결을 할 수 있을까? 이는 현실적으로 불가능한 이야기다.

이렇듯, 어떠한 사건에 대해 원고가 패소한 판결이 선고·확정되면, 그 이후에 A가 이런저런 방식으로 후속 소송을 계속 제기하더라도 승소할 확률은 거의 없다. 물론 이전 소송에서 패소하고도 새로운 소송에서 승소하는 경우가 분명히 존재하긴 한다. 그러나 그런 일이 벌어질 확률은 매우 적기 때문에, 한 번 패소한 소송을 또다시 제기하기로 마음먹었다면 매우 신중하게 접근할 필요가 있다.

필자가 당부하고 싶은 말은 이것이다. 1심 패소 후 2심, 3심까지 도전해 보는 것은 나쁜 선택이 아니다. 그러나 패소 확정 후 '열 번 찍어 안 넘어가는 나무 없다.'라는 생각으로 같은 소송을 계속 반복하는 것은 매우 위험한 선택이다. 필자는 절대 이길 수 없는 내용으로 반복적인 소송을 제기하며 많은 재산과 시간을 허비하는 사람들을 꽤 많이 만난다. 이는 매우 안타깝고 불행한 일이다. 그럼에도 불구하고 패소한 소송에 대해 2차, 3차로 도전할 계획을 세우고 있다면, 부디 소송을 처음 제기할 때보다 더 많은 변호사의 상담을 받은 뒤에 결정하기를 권한다.

라.
소송에서 졌다고 내 인생이 끝난 것은 아니다

이 부분에 관한 이야기는 필자의 관점에서 '반드시 이겼어야 할 소송에서 패소한 사람'에게 드리는 이야기다. 패소한 모든 사람, 특히 벌을 받아 마땅한 사람들에게 하는 이야기가 아니니 오해하지 말기를 바란다.

돌이켜 생각해 보면 과거가 기억 나는 그 시점부터, 우리는 웬만하면 지는 것을 싫어하고 이기는 것을 선호했다. 어린 시절 구슬치기, 제기차기, 공기놀이부터 공부, 돈, 싸움 등 모든 부분에서 조금이라도 남들보다 앞서나가기를 바랐다. 그러한 사소한 승리에 대한 욕심이 인생의 원동력이 되었음은 부정할 수 없다. 지금은 매우 희미해진 일이지만 곰곰이 생각해 보면, 그 시절의 나에게는 정말 죽을 만큼 힘들었던 사건도 있었고, 인생에 더할 나위 없는 기쁨을 느꼈던 순간도 있었다. 그러나 예전에 느껴봤던 그 많은 승리와 패배는, 어떤 것들이 있었는지 기억도 나지 않는 것들이 대부분이다. 분명한 사실은 우리는 수많은 승리와 패배를 겪으면서도, 그것들을 지나치며 지금까지 살고 있다는 점이다.

패소라는 결과도 내가 지나쳐 갈 하나의 사건에 불과하다. 지금은 너무 괴롭고 힘들지만 분명 다시 일어나 새로운 인생을 개척해 나갈 수 있다고 믿는다. 우리의 인생길에는 패배와 승리, 나쁜 일과 좋은 일, 슬픈 일과 기쁜 일이 있다. 앞으로 나아가지 않으면 미래에 반드시 다가올 기쁘고 행복한 일을 만날 수 없다는 점을 반드시 기억해야 한다. 깊은 좌절감 속에서도 올바른 길을 찾아 걸어가길 진심으로 기원한다.

아무도 가르쳐 주지 않는
변호사 선임의 비밀

ⓒ 현실변호사, 2025

초판 1쇄 발행 2025년 5월 26일

지은이	현실변호사
펴낸이	이기봉
편집	좋은땅 편집팀
펴낸곳	도서출판 좋은땅
주소	서울특별시 마포구 양화로12길 26 지월드빌딩 (서교동 395-7)
전화	02)374-8616~7
팩스	02)374-8614
이메일	gworldbook@naver.com
홈페이지	www.g-world.co.kr

ISBN 979-11-388-4288-4 (03360)

- 가격은 뒤표지에 있습니다.
- 이 책은 저작권법에 의하여 보호를 받는 저작물이므로 무단 전재와 복제를 금합니다.
- 파본은 구입하신 서점에서 교환해 드립니다.